W0370870

FABBRI
EDITORI

FEDERICA CARTA

Mai così felice

DIZIONARIO
DELLE MIE EMOZIONI
IN ORDINE
RIGOROSAMENTE
SPARSO

FABBRI
EDITORI

Pubblicato per

FABBRI
EDITORI

da Mondadori Libri S.p.A.

Proprietà letteraria riservata
© 2018 Mondadori Libri S.p.A., Milano

ISBN 978-88-915-8053-5
Prima edizione Fabbri Editori: giugno 2018

Progetto grafico e impaginazione: Amelia Verga
Collaborazione ai testi: Catia Spagnolo

Mai così felice

Roma, 4 dicembre 2017

Ci ho messo qualche a giorno a riprendermi.
Qualche giorno a trovare le parole.
Ho fatto i primi due concerti della mia vita!
E mi sento come shakerata, perché in poche settimane ho vissuto tante emozioni diverse: l'entusiasmo, l'eccitazione, la tensione, l'ansia, la paura di non farcela. Sono confusa, in lotta con il mio cervello che forse non funziona sempre come dovrebbe.
Un anno fa ero tra i banchi di scuola, non quelli dell'alberghiero Gioberti di Trastevere che ho frequentato prima, ma di *Amici*. Quell'esperienza era iniziata da poco e io non immaginavo certamente che sarebbe successo tutto questo.
Prima di allora nessuno mi conosceva e cantavo solo nella mia cameretta o nei concorsi. Al massimo mi sentivano i parenti, sicuramente quelli che abitano al piano di sotto. (Quanti messaggi di mia cugina: "Fe' dovrei studiare non è che..." O degli zii alle undici di sera: "Fe', tesoro, vorremmo dormire non è che...")

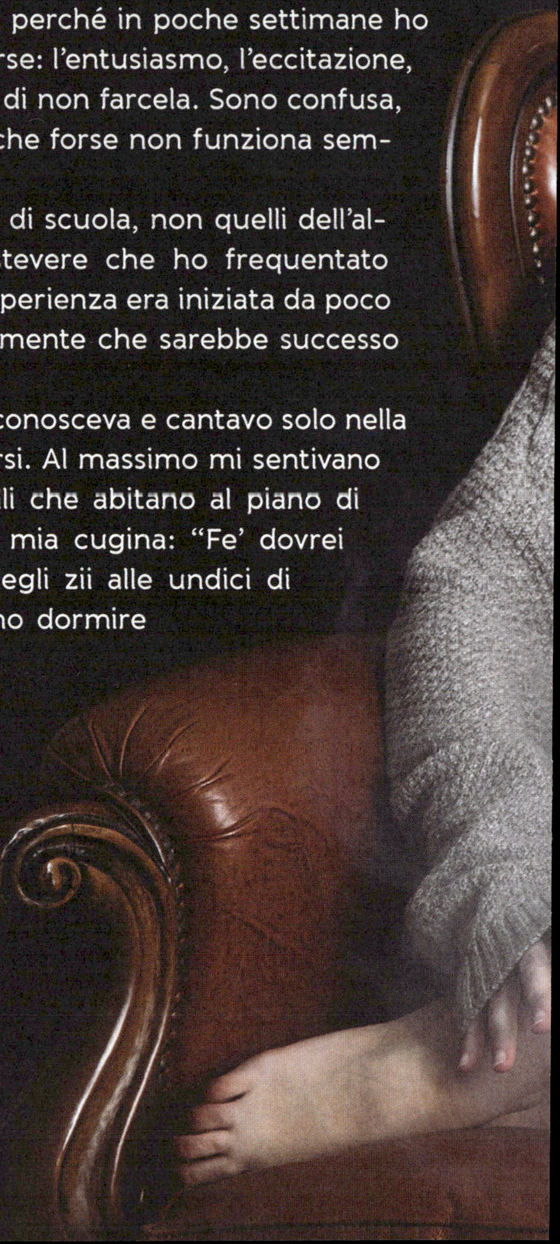

E invece l'altra sera erano quasi duemila all'Atlantico di Roma e altrettanti al Fabrique di Milano.
Quando sono salita sul palco, tutte e due le sere, mi sembrava di morire per la tensione che avevo dentro.
Appena ho iniziato a cantare, ho dovuto trattenere le lacrime.

Nella platea vi vedevo tutti, uno per uno.

Con i vostri striscioni pieni di cuori e i versi delle mie canzoni scritti a caratteri cubitali.
Con gli occhi lucidi a sbracciarvi e cantare con tutta la voce che avevate.
"Ma com'è possibile" mi sono detta. "Come potete volermi così tanto bene senza nemmeno conoscermi?"
Io me lo chiedo spesso quando incontro voi, i miei fan. Me lo sono chiesta a tutti gli instore. "Ma davvero siete qui per me?"
L'affetto che ricevo mi toglie sempre le parole. Mi manda in confusione e mi riempie di emozioni. Sono tante quelle che provo, dallo stupore a quella più grande, la gratitudine.

Non potrei vivere senza emozionarmi.

Le emozioni possono giocarti brutti scherzi, metterti a nudo di fronte al mondo e farti sentire indifesa. Io sto imparando a non vergognarmene. Prima mi tenevo tutto dentro, cercando di controllare ogni minimo gesto che potesse tradirmi, poi ho capito che piangere non è una vergogna, aprirsi non è un debolezza, e che ho bisogno di parlare di quello che sono e che sento.
Le parole che spesso non riesco a dire a voce per esprimere ciò che provo, le posso scrivere.
Allora adesso cerco di raccontare tutte le emozioni, belle o brutte, provate finora, dall'amore all'odio, dalla felicità alla rabbia, dalla soddisfazione alla gratitudine... insieme a tutte le altre che magari verranno.

Questo è il dizionario delle mie emozioni. In ordine rigorosamente sparso. O, se preferite, confusamente ordinato.

MEZZABARBA

Amore*

* [a-mó-re] s.m. → Moto affettuoso e benevolo, inclinazione dell'animo verso persona o cosa.

Avevo nove anni quando è iniziata la nostra storia. Prima c'era già stato qualcosa a cui però non avevo dato un nome, poi ho capito che era una bella cotta e dopo ancora che era una cosa seria. Amore vero e infinito. Quello per sempre.
Sono innamorata della musica e ho capito che sarà per tutta la vita, che non ci lasceremo mai.
Com'è cominciata non lo so tanto bene. Io e mia sorella Arianna eravamo con mamma e papà in macchina, stavamo andando ad Amatrice dove i nonni paterni hanno una casa perché sono originari di quelle parti. Papà mi aveva fatto un CD con i pezzi di Laura Pausini e io, che li avevo tutti imparati a memoria, come sempre cantavo le sue canzoni a squarciagola, tanto che la voce di Laura non si sentiva nemmeno. Ma nessuno nell'abitacolo della macchina si lamentava.
A lamentarsi erano invece i miei compagni di classe: Ylenia, con cui ho fatto tutte le scuole elementari e medie, ancora se lo ricorda che non stavo mai zitta un secondo e la distraevo

in continuazione durante le lezioni. L'unica giustificazione che avevo era l'urgenza...

per me cantare è sempre stata una necessità, il mio modo di parlare, di esprimermi, di dare sfogo alle emozioni, di liberarmi.

È come l'ossigeno e non posso farne a meno. Non mi rendevo neppure conto se fossi intonata o avessi una bella voce. Fu la mamma, quando eravamo in macchina quel giorno, a dirmi: "Perché non prendi lezioni di canto?".
Io nemmeno sapevo che si potesse imparare a cantare e che ci fossero le scuole per questo, ma non ebbi niente da ridire. E anche se non avevo un rapporto splendido con la scuola, i compiti e lo studio, l'idea mi piacque.
Nelle nuove relazioni, nell'amore come nell'amicizia o sul lavoro, non sono proprio una spada (che a Roma equivale a dire che non ci sai molto fare) e ci metto un bel po' prima di sentirmi a mio agio; perciò ero un po' agitata la prima volta che entrai alla Stemma Music Academy di Roma, zona Boccea Casalotti, la scuola di musica che si trovava a cinque minuti da casa e che da allora è stata un punto di riferimento fisso della mia vita. Non sapevo cosa aspettarmi: come sarebbe stato il mio maestro? Gentile come la maestra Bruna oppure severo? Mi avrebbe interrogato come a scuola? Che ansia...

Il mio primo insegnante di canto fu Federico Paciotti, che con il classico corpo docente della scuola italiana non ha davvero nulla a che fare. Ero piccola, ma lo capii subito. Non che questo mi facesse stare più serena, perché comunque fino a quel momento avevo sempre e solo cantato davanti a mamma, papà, Arianna e qualche parente.
Federico mi chiese se avevo una canzone che mi piaceva e che volevo fare con lui. Se c'è una domanda che ancora oggi mi mette in crisi riguarda proprio la mia musica e i miei artisti preferiti: il panorama è così ampio e io sento di non averlo esplorato ancora a sufficienza per rispondere in modo sicuro e definitivo. A Federico farfugliai i nomi di Laura Pausini, Giorgia e Tiziano Ferro...

e dopo un attimo mi trovai a fare *Sere Nere* accompagnata dalla sua chitarra. Prima non avevo mai neppure cantato su una base e mi sembrò semplicemente fighissimo.

Questo è il momento in cui si sprecano commenti del tipo: "Capimmo subito che Federica aveva qualcosa dentro, che aveva un talento". Se anche si sprecarono, non lo vennero a dire a me, ma un fatto è certo: continuai con le lezioni. Non smisi nemmeno quando a casa ci furono delle difficoltà economiche serie e papà, dispiaciutissimo, mi disse che avrei dovuto rinunciare. Non so di preciso quali accordi furono presi con la scuola e con Federico, ma nessuno voleva che io mollassi e il modo di andare avanti evidentemente si trovò. Immagino che qualcuno avesse dovuto fare delle rinunce e tra questi ho sempre sospettato che ci fosse Federico Paciotti, che da allora rientra nella mia speciale categoria di persone buone cui essere eternamente grata.

A nove anni non pensavo assolutamente che fare la cantante potesse rientrare nel mio destino: forse lo aveva pensato papà, che è da sempre il mio supporter più grande, ma non io.

Io sono sempre stata troppo timida e insicura per permettermi anche di sognarla una cosa del genere, e infatti quando papà mi spronava a fare di più, a impegnarmi, a sfruttare meglio il mio potenziale, a cantare nei concorsi o in pubblico, mi prendeva l'ansia e la voglia di fare tutto il contrario.

Ci sono persone che più cerchi di imporgli una cosa e più vanno nella direzione opposta, ostinata e contraria, anche solo per farti un dispetto.
Ecco, io faccio parte di questo tipo di persone. Vuoi per non darla vinta a papà, vuoi per paura del giudizio degli altri, pur avendo una grande passione per il canto non mi impegnavo mai abbastanza o non tanto quanto lui desiderasse. Ero piccola, però, e oltre il canto, al quale si aggiunsero poi le lezioni di pianoforte, volevo giocare e stare con le mie amichette.
Da qui a scoprire che amavo la musica e che non avrei più potuto farne a meno sono passati quasi dieci anni. Ero in Sardegna e Stefano, il direttore della Stemma che oggi è il mio manager, mi disse al telefono: "Perché non fai i provini di *Amici*?".
Me la buttò lì come se fosse una tra le mille cose da dirmi quel giorno (mi conosce molto bene e sapeva che se avesse usato un approccio più forte, avrei detto subito di no).
"Ste', quando torno a Roma vediamo, perché non lo so, non me la sento... dai, vediamo" mi venne da rispondergli.
Io ovviamente ai talent ci avevo pensato un miliardo di volte, ma immediatamente dopo essermi fatta i miei film in testa ed essermi vista ai provini e magari addirittura dentro al programma, ritornavo alla realtà dicendomi: "Fe', ma ti pare... ma manco ti pigliano!". Negativa sempre, come Tristezza di *Inside Out*.

Ero molto combattuta tra la voglia di provare e la paura di non farcela.

Perché io alla fine cosa avevo fatto per dimostrare tutta la mia passione, tutto il mio amore?
Poco, secondo me, troppo poco.
Soprattutto a paragone di artisti che a questo mestiere danno ogni secondo del loro tempo e lo dimostrano con la loro bravura e con l'immensa cultura musicale che hanno.
Io invece mi sentivo di non aver amato la musica come si meritava; se lo avessi fatto con costanza e impegno come mi "suggeriva" papà, a diciassette anni avrei avuto una capoccia così, sarei stata il doppio più convinta perché forte del doppio delle conoscenze, sarei stata una persona completamente diversa.
Il problema vero è che io mi sminuisco sempre molto.
A guardare i fatti con più obiettività, a cosa mi ero dedicata negli ultimi anni? Al canto e al pianoforte, soltanto a quello.
Ero sempre rimasta fedele alla musica, non mi ero fatta affascinare da altro, mai praticato uno sport per dire.
Quando tornai a Roma, mi misi al piano.
Sentivo una forza grande dentro, un amore smisurato. E fu così che composi la mia prima canzone in inglese, e per la prima volta feci sentire un brano a Stefano senza mettere le mani avanti dicendogli che era una cosa improvvisata, che era un po' così, magari una cavolata (è una cosa che faccio spesso nella speranza che il giudizio sia più clemente e non mi massacri).
"Ste', questa canzone mi piace un sacco, la vorrei portare ai provini" gli dissi, senza aggiungere nient'altro, perché ero davvero convinta.
"Bella Fe', piace un sacco anche a me" mi disse Stefano.
Così mi decisi a tentare.

Là ho capito che era amore vero, perché se non era amore vero, quello che ti dà anche il coraggio e la voglia di buttarti, io i provini di *Amici* non li avrei fatti mai!

L'amore è costanza, impegno, forza, carica positiva e molte altre cose che è difficile spiegare alla mia età come a quarant'anni. Adesso sono sicura di amare la musica, mentre non penso di essermi mai innamorata di una persona finora, anche se qualche volta ho detto "ti amo" anch'io. L'ho detto forse al ragazzo sbagliato, a quello che era diventato una fissazione perché non mi stava dando tutto ciò che volevo, a quello che poi ho lasciato perché tra noi c'era un rapporto malato, a quello che poi ho scoperto essere troppo geloso, a quello che magari mi aveva illuso semplicemente perché un bacio per lui era nulla e per me invece era tutto.

Mi è successo di ricevere una botta in piena faccia e in pieno cuore dalla persona che mi ha fatto stare meglio e peggio di tutte nella mia vita. Come spesso accade, quello che non puoi avere diventa la tua inutile ossessione. E anche io mi ci sono persa, finché non ho aperto gli occhi scoprendo che c'era una persona che mi amava per davvero e non era poi tanto lontana da me.
Insomma, ci sono stati ragazzi che mi hanno fatto soffrire, e forse anch'io ho fatto soffrire qualcuno, ma anche quando ho lasciato l'ho fatto sempre con una dolcezza che non potesse in alcun modo dare spazio all'astio, alla cattiveria o, peggio, all'odio.

People Talk to Me*

I remember when
All our story changed
People talk to me
But I don't care about it

People talk to me
But they don't know
That I've lost my soul
People talk to me
But I don't care about it

I remember when
I was lost in my own

People talk to me
But they don't know
That I've lost my soul
And people talk to me
But I don't care about it **

I remember the sound of your voice when you left me
And still tears fall down from eyes and soul
But all I wanted to tell you is that I'm stronger
Than I was, so thank you

* Pur tra mille dubbi, ho scritto questa canzone per i provini di *Amici*. Sono partita dalla linea melodica e ci ho cantato sopra in finto inglese. Ma solo dopo l'approvazione di Stefano ho scritto i testi e mi sono definitivamente convinta a buttarmi nell'esperienza che mi ha cambiato la vita!

** All'inizio questi versi facevano parte di un'altra canzone che poi ho finito in italiano. Ma li ho salvati perché mi suonavano troppo bene nella testa!

People talk to me
But they don't know
That I've lost my soul

People talk to me
But they don't know
That I've lost my soul
And people talk to me
But I don't care about it ***

***
In italiano
vuol dire:
Tutti mi parlano
Ma nessuno sa
Che ho perso l'anima
E tutti mi parlano
Ma non mi frega
niente.

Odio*

*[ò-dio] s.m. (pl. odi) → Avversione, inimicizia,
ira duratura contro altri;
senso di contrarietà, intolleranza verso qualcosa.

La musica non mi ha mai tradito e quindi come potrei odiarla? Quanto ai ragazzi, c'è stato quello che mi ha fatto soffrire, ma non sono mai arrivata a volergli male, forse perché non ne ero davvero così innamorata... Dalle persone non ho mai subito torti talmente gravi da desiderare il peggio per loro. Magari, presa dalla rabbia, qualche volta l'ho pensato, ma non era odio autentico. Solo una volta ho odiato per davvero.

Ho odiato la morte, perché è qualcosa contro cui non posso fare niente e che mi ha portato via una persona importante.

La sua perdita mi ha lasciato tanta rabbia e tanto dolore, e anche quando la rabbia è passata, è rimasto il dolore. Ma anche mille ricordi bellissimi.

Dolore*

*[do-ló-re] s.m. → Sensazione spiacevole, penosa per effetto di un male corporeo. ● Stato d'animo che causa angoscia e tristezza.

Io so che Nico c'è, mi guarda da lassù, lo sento davvero. A volte la sua presenza mi sembra così forte che ho l'istinto di scrivergli un messaggio. Come quando ho passato i provini di *Amici* e per un nanosecondo ho pensato "Cavoli, lo devo dire a Nico!". Ho preso il telefono in mano e mi è crollato il mondo addosso. Spesso mi sforzo di ricostruire la sua immagine nella mia testa.

Nico aveva gli occhi grandi e vivaci, la battuta sempre pronta, era esuberante ma allo stesso tempo chiuso. Non era uno che passava inosservato, almeno ai miei occhi, anche per il modo in cui raccontava cose incredibili, quasi surreali, accadute a lui o a qualcuno che conosceva (sembravano invenzioni, invece era tutto vero).

All'alberghiero Gioberti di Trastevere fu una delle prime persone con cui legai. Inizialmente pensai che ci stesse provando con me, poi invece mi resi conto che tra noi c'era quell'attrazione, quel riconoscersi anime simili, che rende speciale un'amicizia.

E io e Nico avevamo qualcosa di speciale: ci dicevamo tutto, parlavamo di tutto, avevamo sempre bisogno del sostegno dell'altro.

A volte mi chiedo cosa ne sarebbe stato di noi, se non ci fosse stata la musica, se non ci fosse stato il tumore. Magari avremmo lavorato insieme in un ristorante completamente arredato da lui, che era fissato con il design e i mobili.
A quindici o sedici anni, però, non fai questo tipo di piani, non pensi in questi termini al futuro. E infatti noi eravamo pazzi e facevano altri tipi di progetti...
... tipo scappare a Parma per stanare sotto casa un ragazzo che avevo conosciuto a un concorso di musica e per il quale mi ero insensatamente presa una cotta.
L'incubo di Nico iniziò il secondo anno di scuola. Lui abitava lungo la strada di casa e ogni tanto con mamma gli davamo un passaggio. Mi chiedeva sempre di potersi mettere da-

vanti perché gli faceva male la schiena e io, scherzando, gli dicevo "'A vecchio!".
L'estate tra il secondo e il terzo anno fu ricoverato, mi disse che era per una banale operazione di appendicite. Dalla sua camera di ospedale postava foto con la flebo al braccio e io, sempre per prenderlo in giro e perché sapevo che aveva la tendenza a esagerare, gli scrivevo "Dai, sei la solita vittima!".
Il 25 giugno, me lo ricordo bene perché era il compleanno di Arianna e stavamo facendo una festicciola a casa, Nico mi chiamò: "Amo', ho un tumore".

Non capii davvero subito
quello che stava dicendo,
perché non mi era
mai capitato che qualcuno
a me così vicino
si ammalasse gravemente.

Quando realizzai, cominciai ad aggrapparmi a tutto il poco che sapevo. Sapevo che non tutti i tumori sono maligni e speravo che quello di Nico non lo fosse. Sapevo che anche dai tumori maligni si può guarire, e quindi non era scritto da nessuno parte che lui dovesse morire per forza.
Nico il terzo anno di scuola non lo iniziò neppure, lo passò a combattere contro la malattia, tra un intervento e l'altro, tra una chemio e l'altra, tra alti e bassi.
Quello, però, fu il periodo in cui fummo più uniti. Se non lo sentivo ogni giorno mi sentivo vuota: lui continuava a

essere matto e a mandarmi audio in cui cantava Beyoncé, poi ci scrivevamo messaggi molto personali raccontandoci segreti che non avremmo osato dire ad alta voce. Io e Nico passavamo interi pomeriggi insieme sdraiati sul suo letto.

Ci facevamo le coccole,
gli accarezzavo
la testina pelata.
Perché se io sono dolce,
Nico era dolce il doppio.

Anche nei momenti peggiori, aveva sempre una parola carina e rassicurante per me, era lui a dirmi: "Amore, tranquilla, non è niente, quando starò bene...".
"Quando starò bene" Nico lo ripeteva spesso e io avevo finito per crederci.
Dove sei? Cosa fai? Come stai? Ci vediamo? Lo tempestavo di domande, ma lui era sempre evasivo. Fino a quando i suoi messaggi cominciarono a essere davvero strani.
Lui ci aveva creduto fino alla fine di poter dire "Sto bene", ma non andò così e fu sua sorella Marta a spiegarmi che si

era aggravato e che il tumore si ero preso tutto il corpo. Lo fece in un lunghissimo messaggio... quei messaggi che non vorresti scrivere mai e nemmeno ricevere.
Poi una notte mi svegliai di colpo, mi alzai a metà letto e in quell'istante ricevetti un messaggio di Marta: "Nico non c'è più". Posai il telefono e mi riaddormentai con una calma inspiegabile e con la sensazione che fosse passato di lì a salutarmi.

Da allora sento che lui c'è sempre, che mi sta ancora vicino.

Da allora dormo sempre con una lontrina di peluche, perché Nico era tenero e morbido come immagino che sia una lontra. E infatti era così che lo chiamavamo io e la sorella.
Il giorno del funerale, il papà di Nico mi raccontò una cosa. Quando ormai dal suo letto di ospedale non riusciva più nemmeno a scrivere, chiedeva alla zia di rispondere ai miei messaggi.
"Scrivi a Fede" diceva "scrivi che sto bene, e ogni volta che scrivi che sto bene fagli tanti cuori rossi." Ecco perché i suoi ultimi messaggi erano strani! Nonostante l'impegno della zia, mi ero accorta che non erano proprio di Nico. Ma quando oggi li rileggo e rivedo tutti quei cuori rossi, sento una stretta forte al cuore e mi metto a piangere e a ridere insieme.

Tutto quello che ho*

* La prima versione di questo brano l'ho scritta nella mia camera qualche giorno dopo la morte di Nico, quando avevo finito tutte le mie lacrime e non sapevo più come liberare quello che avevo dentro se non al pianoforte...
Alla versione definitiva sono tornata a lavorare dopo quasi un anno con Federico e Daniele. E mi ha fatto ancora più male.

Quando ho iniziato a giocare a questo
stupido gioco
mi è bastato guardarti negli occhi
per capire che avresti lottato senza
chiedere niente a nessuno

anche io nel mio piccolo
lotto instancabile ancora
per avere un ricordo felice

tutto quello che ho
è soltanto voglia di vivere

Sentire che si può restare in piedi
anche quando non c'è più la terra

come quella volta in treno in cui ridevi **
e non contava nulla
anche se tutto scivola io troverò
un equilibrio

Ho cercato di starti vicino senza
chiedere niente al destino
senza credere a niente e a nessuno

Manchi tu il mio piccolo
e il suono della tua voce che nel vento è soltanto un
respiro

ma è tutto quello che ho
l'hai lasciato mi serve per vivere

Sentire che si può restare in piedi
anche quando non c'è più la terra
come quella volta in treno in cui ridevi
e non contava nulla
anche se tutto scivola io troverò un equilibrio

E per averti vicino
resterei sveglia tutte le notti
per sognarti di giorno ad occhi aperti

anche se tutto scivola io
troverò un equilibrio***

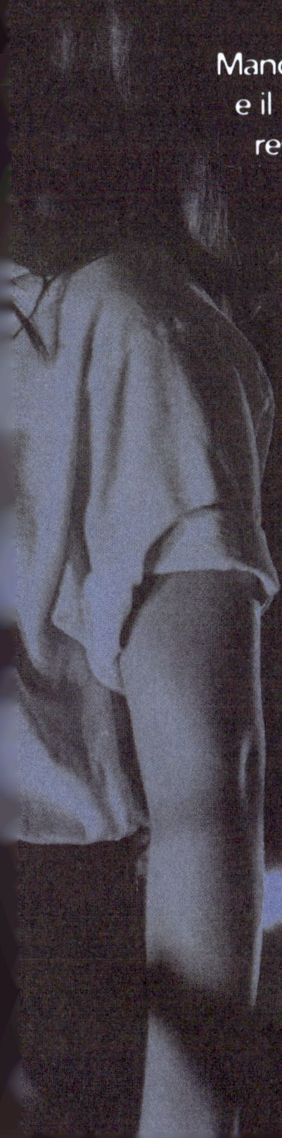

** Io e Nico prendevamo il treno insieme per andare a scuola, spesso c'era anche sua sorella Marta. Mi mancano quelle risate, le chiacchierate e i lunghi abbracci per salutarci.

*** Non riesco a pensare a questa canzone come a qualcosa di triste. Lo è, certo, ma qui esprime tantissima speranza. Io ho provato a trovare l'equilibrio, ed è quello che dovrebbe fare chiunque dopo un momento difficile.

Felicità*

* [fe-li-ci-tà] s.f. inv. → Condizione di gioia, di contentezza, di soddisfazione.

"Sei bellissimo Nico!"
Stavo per piangere dalla gioia e queste furono le uniche parole che riuscii a balbettare mentre mi veniva incontro.

Quando si fermò, lo abbracciai stretto e mi fece un'impressione incredibile, perché mi sembrava magrissimo e alto due metri.

Molto magro lo era davvero, ma non poteva essere cresciuto così tanto negli ultimi mesi! Forse averlo sempre visto a letto oppure in sedia a rotelle mi aveva fatto scordare com'era realmente. Ma che importava? Stava meglio!

Non pensavo di poter riprovare un'emozione così forte, come era successo solo qualche giorno prima, quando la mia lontrina mi aveva inviato un video nel quale camminava e, felice come non lo avevo visto mai, rideva tantissimo.

Siccome ero sola a casa, avevo pianto come una fontana, proprio senza ritegno, guardando e riguardando il video.
Quel giorno, quando suonai alla porta di casa di Nico e sua madre mi venne ad aprire ero preparata, eppure la vista di lui in fondo al corridoio che veniva verso di me sulle sue gambe mi fece scoppiare di nuovo il cuore. A stento riuscii a trattenere le lacrime.
Nico aveva passato molto tempo in ospedale e dopo aver finito l'ultima chemio stava meglio. Si era ripreso, camminava di nuovo, i capelli erano ricresciuti e lui aveva ricominciato a curarli come sempre. Ci teneva proprio alla sua capigliatura, come a tutto il look!

Mi aveva detto: "Sto meglio, sto bene". Nico, in fondo, aveva un potere: riusciva a dare sempre il meglio di sé. Anche quando era pallido e magro, anche quando non aveva più capelli e sopracciglia, non avevo mai pensato a lui come a una persona malata.

Nico è Nico.
Una persona speciale.
Il dolore e la gioia più grandi.

Perché con le persone importanti come lui, si provano emozioni fortissime ed è un attimo passare dal dolore alla felicità, dalla felicità al dolore.
Perché non c'è un limite quando una persona è stata così tanto per te.

Rimpianto*

* [rim-piàn-to] s.m. → Ricordo con dolore e vivo desiderio di qualcosa e qualcuno.
• Dolore che persiste per la perdita di un bene.

Spesso dico che rimpiango di non avere ascoltato abbastanza musica, di non essermi fatta una cultura come si deve, di non avere la famosa capoccia piena di nomi e canzoni, di non essere stata a tanti concerti, di aver perso il mio tempo... ma insomma, alla fine sono ancora giovane e ho molti anni per recuperare!

Un rimpianto vero, però, ce l'ho ed è pure bello grosso. È per qualcosa che ho fatto, o meglio non ho fatto, per il tempo che ho perso e che, in questo caso, non torna più.

In prima superiore mi fidanzai con un mio compagno di classe. All'inizio tutto andava bene, ma presto il nostro legame si rovinò. Io ero gelosa e lui ancora di più, al punto che non potevo frequentare gli altri compagni, che non potevo più nemmeno parlare con il mio migliore amico, Nico.
"Mi manchi, perché non possiamo restare amici?" mi chiedeva lui.
Ai suoi messaggi dovevo rispondere di nascosto, per non alimentare dubbi o far nascere scenate. Fino a che Nico smise di scrivermi e il nostro rapporto si sfilacciò.
Per mesi non ci frequentammo e non ci parlammo più.

E il tempo che avrei potuto spendere con lui è perso per sempre.

Non c'è più modo di riavere Nico, di stare sdraiata con lui sul prato di Villa Pamphilj, una delle più belle ville storiche di Roma, a guardare il cielo blu e le nuvole.

Nessuno ci ridarà indietro nulla e non riesco ancora a fare pace con quella parte di me che è stata così stupida da rinunciare a tanto per qualcuno che in fondo non lo meritava.

Il rimpianto è
una sensazione
che può tormentarti
per sempre.

Ma spero di aver imparato qualcosa di importante da quella lezione. E, un giorno, di riuscire a perdonarmi.

Sconforto*

*[scon-fòr-to] s.m. → Privazione di conforto. Avvilimento, scoraggiamento. ● Afflizione, dolore.

Quando Shade mi ha chiesto di cantare con lui *Irraggiungibile*, ho pensato: "Ma davvero, un duetto con un rapper? Fico!". E chi se lo immaginava di poter lavorare con Vito Shade Ventura, rapper, freestyler, stand-up comedian di Torino?

È stata la mia prima collaborazione importante una volta uscita da *Amici*, un singolo fantastico accompagnato anche da un videoclip, che un po' sembra *La La Land*. Per girarlo siamo andati a Milano, dove abbiamo trascorso tre giorni tra riprese, shooting fotografici e impegni legati alla promozione. E per via del vestitino giallo striminzito che indossavo, ho preso un sacco di freddo!

Sono stati tre giorni bellissimi, ma frenetici e intensi. Anche se avevo già fatto i miei clip, girare era un'esperienza relativamente nuova. E ogni cosa nuova è per me anche fonte di ansia, perché vengo presa tra la mia insicurezza cronica e la voglia di fare ogni cosa bene. Il risultato è che non stacco mai, che resto sempre concentrata sul lavoro, che non penso ad altro e accumulo tensione. Se la tensione però non trova un'uscita, finisce che mi prende lo sconforto e sto male.

Lo sconforto mi viene quando non riesco a fare quello che amo di più, cioè cantare e suonare.

Venivo da giorni di viaggi e riprese quindi non avevo avuto modo di sfogarmi cantando come volevo. Mi sentivo compressa, come quando vorresti dire mille cose ma non hai la voce per farle uscire.
Suonare e cantare sono la mia valvola di sfogo ed è per quello che mi brillano gli occhi quando lo faccio... si vedono brillare quando riesco a tenerli aperti, perché la maggior parte delle volte canto con gli occhi chiusi. All'inizio pensavo che fosse un difetto, soprattutto per il pubblico che magari si faceva un'idea sbagliata di me, tipo dell'artista che canta girato di spalle o che non vuole avere nessun contatto con il suo pubblico.
Cantare con gli occhi chiusi invece è il mio modo di aprirmi con il cuore, dunque il più sincero che conosco.
Quando canto viaggio con la mente, rivivo immagini, situa-

zioni, ricordi che mi hanno emozionato e tutto quello che provo cerco di condividerlo con chi mi ascolta.
È il mio modo di parlare.
Come vi sentireste dopo giorni di completo mutismo? Immagino male. Ed è così che mi sentivo io, che in genere ho bisogno di cantare e di suonare almeno tre ore al giorno.
Quando sono ammalata oppure non ho voce, il mio malessere fisico diventa anche mentale perché non posso mettermi al pianoforte come faccio tutte le volte in cui sono triste, ho un disagio o qualcosa che mi preme raccontare.
È come se fossi privata della possibilità di esprimermi, di dire quello che penso e sento.
Un fumatore ha le sue sigarette, io la musica. Non dico che è una dipendenza, ma insomma, poco ci manca.

Rabbia*

*[ràb-bia] s.f. → Eccesso d'ira,
furore, cieco trasporto, sdegno veemente.
● Dispetto, stizza.

Una serata importante come quella non doveva andare così. E invece mi arrabbiai talmente tanto che quasi saltava l'impianto.
Era agosto, mi trovavo al porto di Tropea per un evento di beneficenza in favore dei malati di cancro, le loro famiglie e la ricerca scientifica. Proprio per questo ci tenevo che fosse tutto perfetto, perché lo stavo facendo per una causa importante e perché era legata a Nico.
Nonostante avessi il compito di aprire la serata, sapevo benissimo che nel pubblico non tutti erano lì per me. Ci sarebbero stati anche altri cantanti e artisti con me, come Andreas Müller che ha vinto l'edizione di *Amici* alla quale ho partecipato.
I presentatori mi annunciarono e io salii sul palco. Le prime note di *Attraversando gli anni* furono accolte dalle urla dei miei fan mescolati tra il pubblico. Cominciai a cantare ma mi prese il panico perché ogni volta che aprivo gli occhi vedevo soltanto le facce della prima fila. E in prima fila c'erano

un sacco di persone che mi ascoltavano con interesse, ma per nulla emozionate.
Perché? Non riuscivo a farmene una ragione. Lo capii quando però ormai ero alla fine dell'esibizione:

presa dall'ansia di piacere
a tutti i costi,
avevo finito per non
emozionarmi io per prima.

Come potevo pretendere di dare qualcosa a chi mi stava ascoltando per la prima volta?
Non era colpa loro, ma mia... e dell'ansia che aveva alzato un muro ai sentimenti. Se c'è una cosa che non posso sopportare quando canto è questa. E se c'è una canzone che non si merita un trattamento del genere è proprio *Attraversando gli anni*.
Finita l'esibizione, nonostante gli applausi, mi sentivo vuota e arida. Scesi gli scalini infuriata e raggiunsi Federico, il mio road manager. Federico è un mio collaboratore prezioso, ma prima di tutto un artista e un amico con cui scrivo le mie canzoni, perciò mi conosce molto bene... Una volta giù dal palco non servì che gli dicessi nulla perché aveva già capito tutto e, come sempre, era pronto a farmi da punching ball. Sbroccai con lui, ma in realtà ce l'avevo con me stessa, perché mi era sembrato di mancare di rispetto al brano e soprattutto a Nico. Mi venne l'istinto di ritornare davanti al

pubblico e di rifare la canzone, ma a parte che Federico non me l'avrebbe permesso, successe una cosa che lo impedì.
Al culmine della mia rabbia, ci fu un black-out generale. L'impianto audio e luci si spense completamente.

Passarono molti minuti prima che tornasse a funzionare, ma era chiaro che la rabbia della Paper aveva colpito ancora...

È giunto il momento di confessarlo: ho il potere di rompere le cose con il pensiero, basta solo che mi arrabbi molto, come Matilde di Roald Dahl!
Quella non è stata né la prima né l'ultima volta. La cosa che mi riesce più facile mandare in tilt sono le apparecchiature elettroniche e voglio che si sappia affinché nessuno si metta mai contro di me. Paura eh?
Lo sa bene anche Daniele, il mio social manager. Anche con lui scrivo e pure con lui mi arrabbio spesso. L'ultima volta è successo per un pezzo che gli avevo appena fatto ascoltare e a cui mi sarebbe piaciuto lavorare insieme.
"Federica, ci sono cose più importanti da fare. Tipo registrare un'altra canzone" mi disse.
Io mi arrabbiai così tanto che dopo un minuto nello studio dove stavamo facendo dei provini si ruppe il computer.
"Vedi, non ti devi mettere contro di me, perché io rompo tutto!" gli dissi.

Anche quando
me la prendo con gli altri
(o con i computer o con
gli impianti audio e luci),
è spesso con me che ce l'ho.
Perché magari non ho
dato il massimo
o non ci ho messo
il cuore per davvero.

Una lezione molto importante, che mi porterò dentro per sempre, è stata quella di Carlo Di Francesco, uno dei coach di *Amici* che più ha creduto in me. Avevo appena finito di interpretare *Run Baby Run*; tecnicamente l'avevo fatta bene e lo sapevo, ma mi ero accorta che mancava qualcosa e a lui non sfuggì. Diretto come sempre, mi disse: "Non ti adagiare sulla tua bella voce perché tu devi continuare a metterci il cuore".
Anche quella volta mi infuriai con me stessa. Fino alle lacrime.

So di essere troppo autocritica, ma la rabbia ha anche un buon effetto su di me.
Mi sprona a cambiare, a fare meglio, a capire dove sbaglio.

Mi spinge a creare.
E creare
mi rende euforica.

Euforia*

* [eu-fo-rì-a] s.f. → Stato di intima serenità e di contentezza dovuto a buone condizioni psicofisiche o derivante da malattie mentali o dall'assunzione di farmaci, droghe o alcol.

Euforica lo sono sempre al mio compleanno. Fino all'ultimo anno al Gioberti, entrando in classe facevo l'annuncio: "Oggi compio gli anni, fatemi gli auguri!".

Mi piacciono gli auguri più dei regali, mi piace l'idea che qualcuno pensi a me.

Con il tempo sono diventata anche un po' *tristona*, ma il 10 gennaio, giorno in cui invecchio, continuo a essere gasatissima. Allo stesso modo, quando scrivo una canzone e la imbrocco vengo presa dall'euforia, perché non è facile riuscirci al primo colpo o avere la sensazione che sia perfetta come ti è venuta. Spesso, prima di essere anche solo buona, serve molto lavoro.

Scrivere e comporre è allo stesso tempo frustrante ed entusiasmante.

Può arrivare addirittura a darti la scossa. Ho iniziato a scrivere quando, ascoltando il lavoro di cantanti che mi piacevano moltissimo, mi sono sentita troppo insoddisfatta del mio. "Non sono contenta di me stessa e di quello che sto facendo, sto sprecando un talento che potrei utilizzare per fare qualcosa di più" mi ripetevo.
Il qualcosa di più era far emozionare le persone, perché quando a me una cosa piace sul serio, mi vengono i brividi e arrivo a singhiozzare (e non deve essere per forza qualcosa di triste e tragico).
Appena ho capito che non mi andava più di fare solo cover, ho iniziato a prendere lezioni di pianoforte.

A quindici anni ho scoperto
che suonare il piano
mi dava il "di più" che cercavo.
Che con la voce potevo dire
alcune cose e con lo strumento
altre, che dietro la tastiera
mi sentivo a mio agio. E con
gli accordi che imparavo, potevo
comporre le mie canzoni.

Il rapporto con il pianoforte, come ogni cosa nella mia vita, non è sempre idilliaco. Le lezioni di solfeggio e la postura corretta sono le mie spade di Damocle: il solfeggio perché

è noioso e la postura perché suono stando storta. Ormai questo modo di suonare mi rappresenta, ma dopo due ore di fila mi fanno male le mani!
Quando guardo una chitarra, mi viene voglia di imparare a suonare pure quella e prima o poi mi ci metterò (per ora so fare solo un accordo).
Con il pianoforte la maggior parte degli accordi che uso per comporre sono in Minore, super tristi.

Del resto non penso di avere mai scritto una canzone allegra. In ognuna c'è sempre un retrogusto di rabbia... sarà che sono sempre arrabbiata con qualcuno o, molto più probabilmente, con me stessa.

All'inizio per comporre partivo da un motivetto che avevo in testa, abbozzavo la melodia con il piano e solo alla fine scrivevo gli accordi.
Andando avanti, ho imparato come strutturare meglio il testo, come costruire le rime, le assonanze, come usare i suoni delle parole che possono essere dolci o aspri.
Per scrivere una canzone non c'è una regola.
In genere si parte dalla musica e si arriva al testo; prima di arrivare alle parole io canto sempre in finto inglese. Quando lo racconto in molti, soprattutto se non sono del mestiere, si mettono a ridere.
Eppure lo fanno anche i più grandi, non c'è niente da scherzare. Io uso anche il finto italiano se è per questo, e metto insieme parole che insieme non c'entrano per nulla, ma in metrica stanno benissimo. In ogni caso il finto inglese e il finto italiano li uso solo per lavorare sulla musica: in questo caso il testo arriva dopo.
Al contrario, quando mi viene la botta di ispirazione ma non ho il pianoforte perché magari sono in viaggio, allora prendo il telefono e comincio a scrivere le parole.
Per questo l'archivio del mio telefono è pieno di versi che aspettano di diventare canzoni: certi lo diventeranno e altri no.
Ad alcuni pezzi poi lavorerò da sola, per altri invece collaborerò con Federico e Daniele, che li firmano con me: siamo uno splendido dream team! Il confronto con loro mi ha fatto crescere perché hanno più esperienza di me, ma allo stesso tempo apprezzano le mie idee.
Scrivere con altri non è sempre facile perché richiede una bella sintonia e una visione simile ma non identica sulla vita.

Il rispetto reciproco permette di accettare le idee altrui e capirle senza giudicarle.

Scrivere, quando mi riesce senza intoppi, è una grande soddisfazione. E anche se ce ne sono ancora molte che mi voglio togliere, per fortuna non è l'unica che ho avuto finora...

Soddisfazione*

* [sod-di-sfa-zió-ne] s.f. → Atto del soddisfare. Adempimento, appagamento, contentezza di sé e del riconoscimento ricevuto.

"Ti voglio bene, però adesso canta per Nico, canta per lui, canta di quanto ti voleva bene, di quanto gli vuoi bene."
Il giorno del funerale di Nico, suo papà, abbracciandomi forte, mi disse queste parole bellissime che non dimenticherò mai.
Ogni volta che andavo a casa loro, Saro mi chiedeva sempre come andavano le lezioni di canto e di pianoforte. Sebbene mi esibissi solo nella mia cameretta o al massimo in qualche concorso, lui era molto orgoglioso per quello che facevo e credeva tantissimo in me. Con la promessa che gli feci quel giorno, ho affrontato i provini di *Amici*, sono entrata nel talent e ho cantato la canzone per Nico. L'ho fatto con una forza speciale dentro che mi è arrivata anche da loro.
Aver rispettato la promessa fatta al papà di Nico, e in qualche modo a Nico stesso, è la più grande soddisfazione che ho avuto finora e che mi riempie il cuore di gioia.
Nell'ultimo anno e mezzo ne ho avute tante altre e tutte importanti per me.

Quando la mia prima canzone è finita su iTunes, ho passato tutta la notte alzata a riascoltarla in continuazione

Cercavo di immaginarmi i pensieri di chi l'aveva in cuffia nello stesso istante.
Mi chiedevo: "Ma qui cosa starà provando, starà vivendo le stesse sensazioni mie?".
È una cosa che faccio spesso anche quando invio un mio provino a Federico, Daniele o a un amico. Nel momento in cui appaiono le due "v" azzurre di WhatsApp, immaginando che lo stiano ascoltando, lo risento un'altra volta per cercare di immaginare le loro emozioni o le osservazioni che potrebbero farmi. E mentre io mi affretto a scrivere: "Questa cosa va migliorata", arriva un messaggio che conferma il mio pensiero. È come se a ogni ascolto mi calassi in quella persona e ne intuissi le impressioni.
La notte che ho passato a riascoltare *Attraversando gli anni* su iTunes ero felice ed emozionata, provavo una soddisfazione immensa; non ho dormito neanche un minuto e, in silenzio, ho pianto tanto.
Entrare al serale di *Amici* è stata un'altra tappa che mi ha reso fiera di me. Tutti ci speravamo, ma nessuno aveva la certezza di farcela.

Quando infine ho visto la mia squadra capitanata da Elisa (ripeto: Elisa), allora l'ho proprio detto: "Sono contenta di essere qui e in questa squadra!".
Un'altra gioia enorme per il mio cuore è stato il primo disco. Appena l'ho avuto tra le mani, sono stata travolta dalla gioia. Volevo ridere e dimostrare che ero felice, ma in realtà piangevo a dirotto come una malata.
Ero esattamente il contrario di come avrei dovuto essere: sembravo triste, invece ero alle stelle.

Tutto ciò che mi rende felice, mi emoziona così tanto da farmi piangere!

Con il disco tra le mani, ho rivissuto i momenti che avevano portato alla sua realizzazione. Guardando la copertina e la mia faccia pensavo al servizio fotografico fatto dopo che la sera precedente ero andata a letto tardi perché avevo provato e riprovato. Davanti al fotografo ero agitata e goffissima perché non avevo idea di come mettermi e di come riuscire a essere un po' naturale. Mi capita ancora, con l'aggravante che ora so come vengo: negli shooting il più delle volte mi dicono "Fai la figa". E io ci provo per davvero, ci credo tantissimo. Quando poi però guardo gli scatti, mi sembro una che vuole fare la figa e non ci riesce.
Sfogliando il booklet, ho risentito l'affetto e il supporto che mi ha dato Elisa durante le registrazioni nel suo camerino. Mi è stata vicina in ogni momento e mi ha dato la carica per quel lavoro e per tutto ciò che è venuto dopo e verrà ancora.

Il primo disco è stato il frutto di una full immersion intensa, stancante ma splendida, un'esperienza che rifarei subito.

Di soddisfazioni ne ho avute tante finora e non ne voglio dimenticare nemmeno una:

- ✔ Entrare ad *Amici*.
- ✔ *Attraversando gli anni* su iTunes e poi tra le prime dieci in classifica.
- ✔ I duetti fatti con Elisa, Francesco De Gregori, Lp, Fabrizio Moro, James Blunt, J. Thompson... e non solo.
- ✔ L'uscita del primo singolo *Dopo tutto*, il 5 maggio 2017.
- ✔ La finale di *Amici*.
- ✔ La gioia del mio cuore: l'uscita del primo disco, 19 maggio 2017.
- ✔ Il primo videoclip.
- ✔ Il primo disco d'oro, nel giugno 2017.
- ✔ La firma del contratto con la Universal, il 13 giugno 2017.
- ✔ La collaborazione con Shade in *Irraggiungibile*.
- ✔ I miei primi due concerti: Roma e Milano.
- ✔ Il platino per l'album *Federica*, a gennaio del 2018.
- ✔ Il secondo album, *Molto più di un film*, il 13 aprile 2018.
- ✔ Sapere poi di essere riuscita a far innamorare della

mia musica e della mia voce il pubblico è stata un'altra soddisfazione immensa. E di queste emozioni, per fortuna, ne provo ogni giorno. Se mi dicono: "Fede, ho dedicato la tua canzone a una ragazza che mi piaceva e poi ci siamo messi insieme" oppure

"Grazie alla tua musica ho superato un momento difficile", io perdo letteralmente le parole!

Attraversando gli anni*

La strada è la stessa
Ma sembra più vuota
Il vento è più freddo
se è solo per me
Tu non mi accompagni
Cammino da sola
Nessuno mi guarda
Nessuno mi aspetta

La vita è la stessa
Soltanto più lenta
Il sole e la luce
Costringono gli occhi
Se solo potessi prestarmi di nuovo
i tuoi occhiali
Lo sai che mi stavano meglio

Un giorno ci rincontreremo ancora
chissà dove
Saremo stati grandi
Attraversando gli anni**
Oppure ci rincontreremo mano nella mano
La testa tra le nuvole

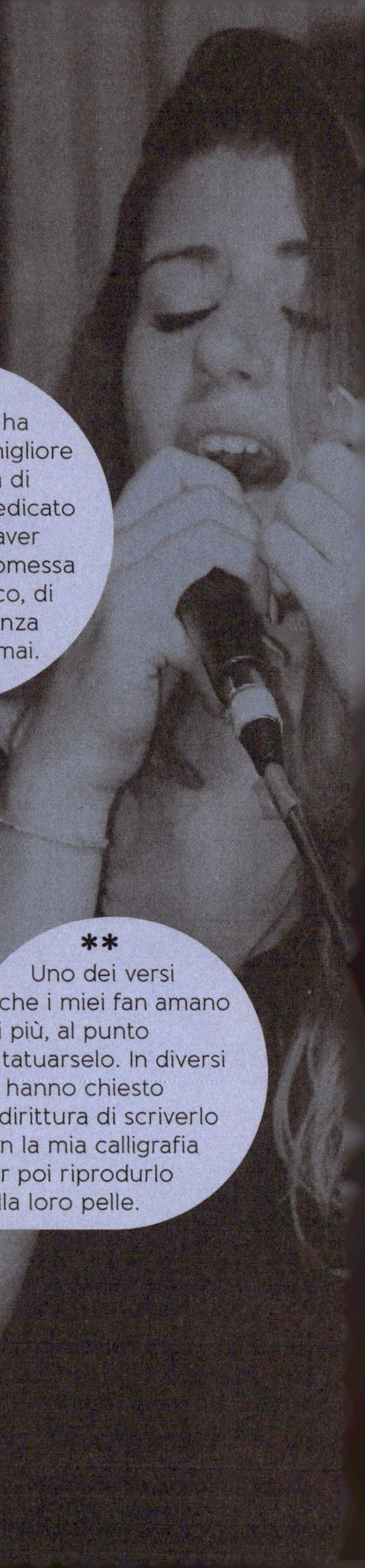

* La prima con la quale il pubblico ha conosciuto il mio migliore amico, ma solo una di quelle che gli ho dedicato e con cui sento di aver tenuto fede alla promessa fatta al papà di Nico, di andare avanti senza dimenticarlo mai.

** Uno dei versi che i miei fan amano di più, al punto di tatuarselo. In diversi mi hanno chiesto addirittura di scriverlo con la mia calligrafia per poi riprodurlo sulla loro pelle.

La terra sotto i piedi
Mi manca non lo vedi

Lo sguardo è lo stesso
Più attento e deciso
La voglia di averti la lascio sfogare
Se solo potessi prestarmi di nuovo i tuoi occhi
Lo sai... vedevano meglio di me ***

*** Nico aveva gli occhi azzurro verdi, bellissimi. Ho scritto queste parole pensando a una foto che gli avevo fatto a casa sua: c'era una luce calda che entrava dalla finestra e rendeva il suo sguardo ancora più intenso.

Un giorno ci rincontreremo
ancora chissà dove
Saremo stati grandi
Attraversando gli anni
Oppure ci rincontreremo mano
nella mano
La testa tra le nuvole
La terra sotto i piedi
Mi manca non lo vedi

Ridere, correre, amare
Ma amare davvero senza condizione
Sbagliare e pentirsi poi fare la pace
Sapendo che niente ci avrebbe cambiato
Perché niente era in grado...

Oppure ci rincontreremo mano nella mano
La testa tra le nuvole
La terra sotto i piedi
Mi manca non lo vedi

Mi manchi, non lo vedi?

Tensione*

* [ten-sió-ne] s.f. → Raccoglimento e sforzo in un pensiero, desiderio, passione che può portare al nervosismo e all'ansia.

I musicisti erano già sul palco mentre io masticavo nervosa la mia gomma. Lo faccio sempre per scacciare l'ansia, che in genere arriva a livelli stratosferici prima di cantare in pubblico. Federico era al mio fianco con la mano a scodellina, allora capii che dovevo andare. Tolsi il chewing-gum dalla bocca e glielo passai nella mano. Che schifo, lo so, ma lui è un santo e quello è diventato il nostro rito scaramantico. Anche perché non potevo fare a meno della gomma: mi serviva per sciogliere la tensione. Quella dell'attesa. Quella accumulata nelle settimane precedenti i primi due concerti della mia vita, a Roma e a Milano. Quella che mi aveva fatto arrivare sul palco con il subbuglio nella testa e nel corpo.
Non era così scontato che facessi subito dei concerti. Invece in un anno ero passata dai concorsi di provincia a un live tutto mio con una band di alto livello!
Ero gasatissima di essere accompagnata da Cristiano Micalizzi alla batteria, Roberto Gallinelli al basso, David Pieralisi alla chitarra, Yuri Barilaro alle tastiere e Pamela Scarponi ai

cori; non vedevo l'ora di affrontare quell'avventura. Ma la tensione era terribile, massacrante.

La notte prima del concerto romano avevo dormito pochissimo.

Continuavo a prendere il telefonino dal comodino e a rimetterlo giù. Guardavo l'ora, scrivevo qualche messaggio, mi facevo un giro sui social, tutto tranne fare la cosa più importante: riposarmi.

Per fortuna ero molto carica e alle sei di mattina, sebbene non fossi un fiore, mi ero detta: "Vabbè, andiamo!". Dopo una doccia rilassante, mi ero fatta la valigia e avevo aspettato i miei amici.

In macchina con Daniele, Federico e la sua fidanzata Alberta non avevo smesso di parlare un secondo e avevo detto tutto quello che mi passava per la testa con una frenesia che dava le vertigini (anche perché con loro, ormai, mi posso esprimere in completa libertà senza paura di essere fraintesa).

"Ma ti rendi conto che stai per cantare all'Atlantico? Davanti a duemila persone?" mi aveva detto Daniele.

"Ma che sei matto a ricordarmelo? Sto già in ansia, non c'è bisogno che mi agiti ancora di più!!!" avevo gridato.

In macchina eravamo tutti super carichi!

Suonare all'Atlantico in effetti faceva molta impressione, quasi più a Federico e Daniele che a me, che non c'ero mai stata neppure a un concerto.

L'Atlantico è un mega club dell'Eur dove si svolgono i principali eventi romani. La paura di non riempirlo era stata per settimane uno dei motivi principali della mia tensione. Insieme al terrore di non essere all'altezza, ovviamente.
Appena dentro la sala, ero rimasta senza fiato: era uno spazio enorme, faceva impressione. Dopo aver provato i miei suoni, era toccato ai musicisti, e durante il loro sound check non avevo fatto che saltare e gridare in giro come una pazza per prendere confidenza con il palco e sciogliere la tensione.
Giusto un po'... perché a pochi minuti dall'inizio del concerto ero ancora nervosissima.
Sentivo il cuore che pulsava in gola e nelle tempie. Mi sentivo di scoppiare.

"Canta prima di tutto per te,
non pensare ad altro,
non preoccuparti di altro!"
mi sono detta.

E poi... sono uscita sul palco e la tensione è scoppiata.
Il primo concerto della mia vita.
Boom!

Noia*

* [nò-ia] s.f. → Fastidio, seccatura.
● Molestia, disgusto, senso di avversione.
● Tristezza dello spirito per l'assenza di ogni piacere.

Voi ditemi se tra tutte quelle persone dovevo notare per forza lui.

La Paper, oltre al difetto di riferirsi a sé come la Paper e parlare in terza persona (qualche volta, non sempre), ne ha anche un altro: fare drammi per piccole cose.

Al concerto di Milano, al Fabrique, tra duemila persone c'era evidentemente qualche fratello maggiore che aveva accompagnato la sorella o qualche fidanzato di una mia fan a cui il mio concerto forse non interessava molto. Ecco, guardando i ragazzi e le ragazze entusiasti, che cantavano, strillavano e piangevano, io non sono andata a fissarmi proprio su quello che sembrava annoiarsi alla grande? Era un po' più alto rispetto alla media, perciò spiccava decisamente su tutti e nonostante cercassi di guardare altrove, gli occhi andavano a cadere sempre su di lui.

Avere la pretesa di piacere a tutti è impossibile.

E infatti sto lavorando parecchio su questo mio limite, per evitare che mi porti a ragionare con la testa degli altri invece che con la mia. Al concerto di Milano non pretendevo quindi di piacere anche a quel ragazzo che sembrava dire "Che palle!", ma desideravo che si sforzasse almeno di apprezzare la passione che ci stavo mettendo.
Sono una persona innamorata della musica e quando incontro artisti come me, che mettono il cuore in quello che fanno, al di là del genere, mi appassiono al loro lavoro.
Non mi annoio mai di fronte a persone che ci mettono il cuore e di fronte alle emozioni che riescono a comunicare.

La noia per me è assenza
di emozione. Se faccio una cosa
che non mi fa sentire viva
e non mi eccita in qualche modo,
preferisco fare altro.

Al concerto, non riuscivo proprio a concepire che quel ragazzo se ne stesse là, impassibile e annoiato. "Ma perché? Stai lì a fare presenza?" continuavo a chiedermi, come se non avessi già abbastanza pensieri per la testa. Così ho cominciato a fissarlo, come per dirgli: "Guardami e ascoltami davvero, altrimenti esci e fai qualcosa di più utile per la tua vita!".

Non ci crederete: alla fine ballava un po' anche lui. Perché a un concerto della Paper non si viene a fare presenza, si viene per emozionarsi e divertirsi!

Timidezza*

*[ti-mi-déz-za] s.f. → Qualità di timido, di chi ha poco coraggio, di chi ha paura di sbagliare e di essere giudicato.

"... e il premio per il miglior look va a Federica!" L'annuncio del presentatore mi rimbombò nelle orecchie. La prima cosa che mi venne in mente fu il "Premio simpatia" che avevo vinto l'anno precedente al Concorso per Voci Nuove della Val Vibrata. E non sapevo bene di quale essere più fiera. Miglior look? Parliamone.

La mia mamma si è sempre preoccupata dei miei outfit ai concorsi, sceglieva gli abiti con cura e di solito mi legava i capelli in una coda.

Ma quella volta avevo l'apparecchio ai denti, un taglio improponibile con tutti i capelli in faccia, una camicia con le maniche corte a palloncino (odio puro), un paio di pantaloni e le ballerine! Non pretendevo di vincere con la mia interpretazione di *L'ultima occasione* di Mina, ero piccola e forse nemmeno tanto all'altezza, ma premiarmi per il look mi sembrò già allora una presa in giro. E me ne vergognai molto. Non sono mai stata brava a mettermi in mostra e mi facevo un sacco di problemi a cantare in pubblico.

Mi incavolavo con papà perché mi iscriveva ai concorsi canori senza neppure domandarmi se fossi d'accordo. Ma lui non me lo chiedeva perché sapeva che non lo sarei *mai* stata: ero troppo insicura e non mi sentivo all'altezza.

Sono ancora oggi molto timida. Qualche tempo fa, per dire, ho incontrato Marco Masini, avrei voluto abbracciarlo e pregarlo di cantare e scrivere una canzone insieme (sogno!), invece sono rimasta senza parole e immobile. Alla fine me lo ha presentato Federico, ma io ho continuato a fare scena muta... un'imbranata completa.

Divento viola quando mi fanno i complimenti perché non so cosa rispondere; quando faccio un regalo, mi vergogno se viene scartato davanti a me perché mi sembra di mettere in difficoltà la persona che lo riceve (se per caso il regalo non le piace? Deve per forza dirmi che le piace?). In quei momenti faccio il sorriso dell'imbarazzo. Chiaro, evidente, a volte insopportabile.

Ai concorsi partecipavo controvoglia perché avevo paura di sbagliare e di essere giudicata. Se non vincevo ci rimanevo male, se mi davano i "premi simpatia" ancora peggio.

Con il terrore di sbagliare affrontai il primo saggio della mia vita. Organizzato dalla mia scuola nel parco di un ristorante, vi accorsero felici ed entusiasti le mamme, i papà, gli zii e i

nonni. Per ascoltarmi vennero addirittura gli zii di Gubbio! Li vedevo tutti nel pubblico che facevano i filmini. Ero contenta ma anche terrorizzata.
“Non posso più dividermi tra te e il mare / Non posso più restare ferma ad aspettare...” Stavo per finire la prima strofa di *Tra te e il mare* di Laura Pausini che già mi dicevo “Oddio, cosa viene dopo?”. Quel pezzo lo sapevo a memoria, meglio del mio nome e cognome, lo avevo provato notte e giorno. Ma, presa dalla paura, avevo il tipico vuoto che ti assale prima delle interrogazioni, quando sei sicura di sapere tutto ma non ti viene in mente nulla. Cantare, però, mi dà la grinta per affrontare qualsiasi cosa, e come per magia le parole vennero fuori una dietro l’altra senza intoppi.
Queste prime esperienze mi hanno insegnato che la timidezza e l’insicurezza vanno affrontate, che la soddisfazione finale è più grande della paura quando fai la cosa che ami di più al mondo, come cantare nel mio caso.

Conservo gelosamente
una piccola dose di timidezza,
quella giusta che mi fa
interrogare costantemente su
quello che faccio e su come
lo faccio, che mi permette
di restare con i piedi per terra,
di analizzare i miei limiti per
cercare di migliorarmi sempre.

I concorsi a cui mi iscriveva papà alla fine mi hanno dato molto. Mi hanno insegnato a distinguere un cantante che sul palco si emoziona per davvero da un altro che invece finge di emozionarsi.

Io ho sempre dato importanza alla tecnica nel canto, ma ho capito che la musica è anche altro: è l'insieme di sensazioni che provi quando canti.

Sensazioni ed emozioni che sarebbe un peccato tenere per sé e che vanno trasmesse a chi ti ascolta.
Se in mezzo stoni, ci sta. Io me ne vergogno ancora, ma sto cercando di andare oltre, per arrivare al cuore delle persone oltre che al mio.
Nei concorsi, imparando da chi sbagliava e rubando da chi mi piaceva, ho cominciato a capire chi volevo essere.
Si chiama esperienza.
Se ne ho fatta un pochino lo devo a mio padre, l'orgoglio in persona.

Orgoglio*

* [or-gó-glio] s.m. (pl. -gli) → Fierezza della propria eccellenza, superbia. • Argomento o motivo di vanto.

Orgoglio è mio padre Cristiano, orgoglio è mia sorella Arianna, orgoglio è quasi tutto il ramo genealogico paterno.
Mio padre è orgoglioso in tanti modi: non fa mai il primo passo se deve chiedere scusa, è molto sicuro di sé (a casa diciamo che gli piace proprio *comanda'*), infine è molto fiero di me.

È stato lui il primo a credere nel mio talento, anche quando io stessa non sapevo di averlo.

Lui a spingermi a cantare, a studiare con costanza, ad arrabbiarsi se ero svogliata, se non ci mettevo le lacrime e il sangue, a iscrivermi ai concorsi anche se non volevo.

Ci sono state volte che abbiamo litigato ferocemente, come si può fare soltanto con un padre che ami molto: aveva visto del potenziale in me e si arrabbiava perché, secondo lui, non lo sfruttavo abbastanza. Io ero piccola e volevo fare anche altre cose, come giocare, ma per lui rubavano solo tempo alla musica.
E poi non sopportavo proprio quando mi spronava a cantare davanti ai parenti, come se fossi un juke-box.

Succedeva nelle riunioni familiari quando c'era il karaoke. Partiva la musica, lui mi guardava e mi diceva: "Dai Fede, canta".

A lui si aggiungevano gli zii, agli zii i cugini, ai cugini i nonni fino ai parenti di terzo grado. E se c'è una cosa che detesto fare, è cantare a comando. Anche allora, se il desiderio partiva da me, nessun problema, ma se erano gli altri a volerlo, mi prendeva malissimo. Fino a diventare antipatica.
La versione 2.0 di mio padre è mia sorella Arianna, con la quale ho un rapporto spinoso di amore e odio.

Innanzitutto tra di noi c'è una gara accesissima su chi sarebbe quella più matura: secondo lei, l'essere nata prima le darebbero un vantaggio che io trovo immotivato. Poi non aiuta il fatto che lei, oltre a non cedere mai di un millimetro dalle sue posizioni, cerchi continuamente appigli per litigare con tutti. E che sia pure polemica. Insomma, non mi so proprio spiegare da dove arrivi tutto l'amore che abbiamo l'una per l'altra.

Quando non siamo insieme, infatti, io e mia sorella ci cerchiamo e sentiamo tremendamente la mancanza l'una dell'altra, anche se ci scoccia ammetterlo.

Abbiamo sofferto molto entrambe durante il periodo di *Amici*. Ogni giorno desideravo poter tornare a casa, anche solo cinque minuti, per vederla e abbracciarla, dirle che stavo bene.
Abbiamo le nostre gelosie e le nostre invidie, ma tra sorelle non è normale?

Arianna ha la stessa tendenza di papà a mettersi in mezzo. Lui ha ancora il vizio di piombare in studio e ascoltare quello che faccio. Vorrebbe mettere il becco in tutto, vorrebbe sempre dare il suo parere, anche se non è richiesto.

Da quando la mia passione è diventata un lavoro, abbiamo chiarito i nostri ruoli e stabilito che lui fa il papà e basta. Questo, però, non gli impedisce di starsene lì ad ascoltare i provini e dire la sua.

Lo ha fatto anche per l'ultimo album, ha voluto sentire tutti pezzi e quando è arrivato a *Molto più di un film* ha detto: "È questo! Questo è il singolo!" con il suo solito piglio deciso. Il primo istinto che ho avuto è stato di buttare la canzone. Ma indovinate con quale pezzo abbiamo lanciato l'album? A papà la musica piace proprio e bisogna ammettere che un po' di intuito ce l'ha.

Il suo intuito mi ha portato
dove sono, mi ha permesso
di realizzare dei sogni.
E i sogni di cosa sono fatti?

Speranza*

*[spe-ràn-za] s.f. → Attesa di qualcosa, desiderio fiducioso che si verifichi ciò che si pensa un bene per se stessi.

Era la fine di maggio e stavo in macchina con il mio solito trio di amici: Federico, Daniele e Alberta. Tornavamo da Guidonia, che si trova poco sopra Roma, dove nel pomeriggio avevo presentato il mio primo album. Dopo aver cantato, dopo aver firmato le copie del disco e fatto le foto con i fan, ci eravamo fermati a mangiare una pizza, perciò si era fatto tardi.

Mentre gli altri chiacchieravano, io dormivo. In sottofondo Harry Styles mi coccolava con *Sign of the Times*. Sul ritornello, mi svegliai di colpo e guardai fuori dal finestrino. Non avevo dormito chissà quanto, ma mi sembrava un'eternità perché ero crollata appena salita in auto.

Eravamo sul raccordo anulare e tenevo gli occhi fissi fuori dal finestrino, in lontananza c'era l'Ikea e oltre, anche se non riuscivo a vederlo, il PalaLottomatica.

Come se mi avesse letto nel pensiero, cosa che capita molto spesso...

Daniele si girò verso di me con l'aria di quello che sta per lanciare la bomba. "Fe', ma ti immagini un giorno cantare al PalaLottomatica?" mi disse.

Allora non erano in programma neppure i concerti dell'Atlantico e del Fabrique, perciò quel posto per me mitico lo consideravo davvero irraggiungibile. C'ero andata solo una volta, quasi dieci anni prima, al concerto di Laura Pausini e questo mi dava la dimensione di quanto immenso fosse il sogno che stavo facendo a occhi aperti, in quel momento. Perché in fondo anche io ci avevo pensato, altre volte, passando da lì.

Quando me lo chiedono, rispondo sempre che, piano piano, i miei desideri li sto realizzando: non posso più dire che la mia ambizione è fare la cantante, perché è quello che sto facendo, ma non penso di essere arrivata.

Di sogni ne ho ancora, eccome. E siccome i sogni sono fatti di speranza, non smetto mai di desiderare e di prefissarmi mete anche lontane da raggiungere.

Quando ero ad *Amici*, sapevo di trovarmi in una specie di bolla, con un sentiero abbastanza semplice da percorrere, dove mi facevano sentire protetta e coccolata. Me lo ripetevano ogni giorno: "Fede, fatti forza perché tu pensi che qui dentro sia difficile, ma fuori sarà peggio!". Non avevano torto, ma questo non mi ha tolto la voglia di sognare in grande, anche nei momenti più complicati.

"Non devi farlo per forza, devi farlo solo se ti piace, solo se ti va! Sei ancora in tempo per tornare indietro. Lo sai, vero?" mi dice mia madre quando mi vede stressata. E anche se è tenera e comprensiva come solo lei sa essere, io mi arrabbio tantissimo.

**Tornare indietro?
Quello di cantare
è diventato molto più
di un sogno,
e non ho intenzione
di mollare di fronte
a nessuna difficoltà!**

Spero di continuare a realizzare i miei sogni piccoli o grandi che siano. Quelli a breve termine come quelli a lungo termine.
Spero che il mio nuovo disco piaccia, che le persone si immedesimino nelle parole che canto, che si veda la mia crescita non solo a livello personale ma soprattutto musicale.
Spero di fare sempre bella figura, di fare le cose bene, che mi interessa più dei soldi, del successo e di tutto.
Spero di continuare a fare il mio lavoro, di crescere anche lentamente.

Spero di sconfiggere
con la materia dei sogni
tutte le mie paure, andare avanti
e non fermarmi mai!

FEDE
UR2

Paura*

*[pa-ù-ra] s.f. → Forte preoccupazione prodotta da azioni esterne. Trepidazione, spavento per un pericolo presente o futuro.

Provate a pensare a una paura qualsiasi. Ecco, io quasi certamente ce l'ho.
Paura del buio: presente. Temo quello che non posso vedere, perciò in camera devo sempre avere una lucina accesa, e se c'è una televisione accendo pure quella.
Paura dei ladri: ce l'ho. Sarà stata colpa di qualche film violento che ho visto e che nemmeno ricordo, perché mi immedesimo troppo in quello che sento e vedo, fin quasi a non distinguere la realtà dalla finzione.

Sono una spugna che non riesce a mettere barriere.

Questo da una parte è un limite, dall'altra però mi aiuta quando devo interpretare canzoni che non ho scritto io e che parlano di qualcosa che non ho vissuto direttamente. Se vedo due persone innamorate, le guardo negli occhi, capisco il sentimento che provano e divento quei due amanti. Se osservo il dolore di una mamma che ha perso il figlio, cerco di capire quello che prova, a immedesimarmi in lei.
E poi.

- ✔ La paura di restare sola.
- ✔ La paura di essere seguita, che mi è venuta nell'ultimo anno, facile immaginare perché.
- ✔ La paura della morte, di quello che non posso controllare.
- ✔ La paura di ferire le persone.
- ✔ La paura di perdere le persone cui tengo.
- ✔ La paura di non dimostrare abbastanza quanto ci tieni a chi ami.
- ✔ La paura di sbagliare, perché odio i giudizi negativi.
- ✔ La paura del terrorismo, perché è entrato nelle nostre vite anche se sembra riguardare solo gli altri.

**Ho troppe paure
e nessuna arma
per combatterle.**

Quando mi sento sopraffatta, quando vado in affanno, cerco di fermarmi, prendere lucidità e dare delle spiegazioni alla mia mente. Spiegazioni che a volte ci sono e altre no. Nonostante questo, a volte tiro fuori un coraggio così grande che mi meraviglio di me stessa.
E mi stupisco.

Stupore*

*[stu-pó-re] s.m. → Senso di grande meraviglia che colpisce e lascia attonito, immobile e senza parola, stordimento.

"Fe', io me sento a disagio, qua so' tutti famosi!" ho detto a Federico con gli occhi sgranati dallo stupore e dalla paura.
Piazza del Popolo a Roma la conoscevo bene, ci andavo da quando ero piccola con mamma, papà e Arianna, poi più grandicella con gli amici. Ma quella sera era diverso, perché c'era il mondo intero, ed erano tutti lì per un concerto dove avrei cantato anch'io.
Ero arrivata nel pomeriggio con Federico, Daniele, Stefano e la band per fare le prove. Sotto le transenne c'erano già tanti ragazzi, arrivati presto anche loro per conquistarsi un posto davanti al palco.
Al tipo dell'organizzazione avevo mostrato fiera il mio pass dove c'era scritto: "Wind Summer Festival, Roma 22, 23, 24, 25 giugno 2017 Piazza del Popolo, Federica Carta, Artista".
Ero orgogliosa ma anche molto agitata, perché era la prima grande manifestazione alla quale partecipavo dopo essere uscita da *Amici*.
Camminavo trascinando il mio piccolo trolley che contene-

va il vestitino nero a fiori e tutto quello che avrei indossato la sera. Stavo seguendo una specie di corridoio per andare al mio camerino e passo dopo passo leggevo i nomi sulle porte e mi stupivo: Arisa, Giusy Ferreri, Lorenzo Fragola, Michele Bravi, Stash, Chiara, Shade...

Questi artisti li seguivo su Facebook o li avevo visti solo in televisione, ma quella sera mi sarei esibita sul loro stesso palco, davanti a migliaia di persone.

"Fe', io mi sento così piccolina in confronto a questi!" ho ripetuto guardando i nomi.
Lui mi ha guardato come per dire: "Tu sei effettivamente piccolina, paragonata a loro!".
Temevo di non essere all'altezza e avevo l'ansia. Come al solito, prima di entrare sul palco mi sentivo morire dentro, ma addossate alle transenne c'erano molte ragazzine euforiche che aspettavano proprio me. "Ma davvero stanno qui per me? Ma davvero mi vogliono così bene senza conoscermi" ho pensato guardandole allibita. Pregavo con tutto il cuore che il loro calore mi aiutasse a superare l'agitazione. E

quando ho sentito chiamare il mio nome, mi sono buttata. Ho cantato *Ti avrei voluto dire*, e l'ho fatta bene bene bene. Le voci che in coro si univano alla mia mi sono servite tantissimo. E anche l'agitazione: a volte mi carica come una molla, al punto che quasi non mi riconosco.
Ancora adesso, quando guardo il video di Piazza del Popolo, non riesco davvero a credere a quanto mi sentissi emozionata e insicura poco prima di esibirmi.
Provo stupore per me stessa tutte le volte che trasformo l'ansia e la paura in qualcosa di produttivo, come il coraggio, la grinta e la gioia di cantare.

Ansia*

*[àn-sia] s.f. → Agitazione d'animo, travaglio interiore.
● Desiderio angoscioso.

Luglio 2017. Marina di Cecina, Livorno.
Eravamo seduti a un tavolo sulla terrazza di un ristorante poco lontano dalla spiaggia e dalla piazza dov'era montato il palco. Quindi non avevo certo scelto una posizione strategica per passare inosservata, mancava solo che mi mettessi a gridare "Ehi, sono qui!", ma sul momento non ci avevo pensato.
Anche perché il Radio Stop Festival, di cui ero solo una tra i tanti ospiti, si sarebbe svolto il giorno successivo e la situazione al nostro arrivo sembrava tranquilla.
Tra un impegno e l'altro, l'estate stava scorrendo velocissima e io non avevo ancora visto il mare praticamente... l'ultima volta era stato a Budoni, in vacanza con i miei genitori. Mi sembrava passata una vita da quei pomeriggi trascorsi sulle spiagge più deserte della Sardegna a prendere il sole con le cuffiette alle orecchie e mille sogni nella testa, invece era successo solo un anno prima.

Sognavo di cantare, ma non mi immaginavo quante cose incredibili mi aspettassero.

Daniele e Federico, a distanza di settimane, non riuscivano ancora a fare a meno di ripetere la gag delle valigie rubate, tanto più che quella sera con noi c'era anche Michele Perniola, conosciuto ad *Amici*, che quella storia ancora non l'aveva sentita. Era successo a giugno, dopo l'instore di Torino: quel giorno Federico non aveva smesso un secondo di lamentarsi per il carica batterie del suo telefono... lo aveva perso e continuava a chiedere a noi se l'avessimo visto da qualche parte: un'angoscia. La sera, dopo aver cenato al ristorante, eravamo andati alla macchina per tornare all'albergo. Federico, che aveva le chiavi, ci aveva preceduti e aprendo l'auto e il portabagagli lo avevamo sentito gridare: "Evvai, ho ritrovato il carica batterie!" Pausa. "Però ci hanno rubato le valigie!" Quella frase è rimasta mitica.
Federico, Michele e Daniele si stavano ammazzando dalle risate, mentre io rispondevo a qualche messaggio e ogni tanto guardavo il cibo che quasi non avevo toccato. Il cameriere arrivò a ritirare i piatti. "Posso prenderlo, andava bene?"
La domanda aveva il suo senso: non avevo mangiato praticamente nulla.

Non è da me, che perdo raramente l'appetito, ma quella sera lo stomaco mi si era chiuso.

Al suo posto sentivo qualcosa che stringeva forte fin quasi a togliermi il respiro.
Non era passato nemmeno un quarto d'ora da quando ci eravamo seduti e sulla strada davanti al ristorante si erano radunati alcuni ragazzini con i loro genitori. Forse si era sparsa la voce che ero lì e piano piano il gruppo si era fatto numeroso... alcuni gridavano per attirare l'attenzione e mi chiedevano di scendere per potermi salutare.
In un altro momento sarei stata più felice, com'ero sempre agli instore, ma quella sera non me l'aspettavo e poi non mi sentivo in forma, forse anche per una cosa successa nel pomeriggio.
Stavo in spiaggia a prendere il sole sul lettino e mi ero quasi addormentata, quando a un tratto mi si era illuminato tutto come se qualcuno avesse acceso la luce: un signore che non conoscevo aveva alzato bruscamente il parasole e me lo ero ritrovata a un palmo dal naso. Per lo spavento ero quasi cascata giù dal lettino.
"Vieni a fare 'sta foto con i bambini, altrimenti non mi lasciano più in pace!" aveva detto.
Senza darmi il tempo di capire cosa stesse succedendo, mi

aveva preso per il braccio e fatto alzare. Ero rimasta senza parole, un po' per la paura e un po' per lo stupore. Avrei voluto ribellarmi, dirgli che non si fa così, che le cose si possono chiedere gentilmente e invece non avevo reagito. Al ristorante ci pensavo da quando mi ero seduta, non riuscivo a darmi pace per la sua maleducazione e per il modo in cui mi aveva trattata.
Davvero avere un briciolo di celebrità significava anche questo? Quel pensiero ne aveva alimentati mille altri.

E se invece di un maleducato fosse stato un malintenzionato che voleva farmi male? E se fosse stato uno che voleva insultarmi?

A un tratto mi sentivo come se tutto il mondo ce l'avesse con me! Mentre la paranoia montava, tutti quei ragazzini cercavano il mio sorriso o solo un cenno. Non potevo ignorarli, perché loro non c'entravano niente. Così mi alzai per raggiungerli.
In un attimo, quella che doveva essere una cena tranquilla si trasformò in una specie di instore: i padroni del locale misero le mie canzoni in sottofondo e cominciai a fare le foto e i video con chi me lo chiedeva.
Mi sforzavo di sorridere e di essere gentile con tutti, ma dentro sentivo l'ansia e basta. A un certo punto mi sembrò di non avere più le forze e supplicai con gli occhi Federico e Daniele di portarmi via da lì. Per fortuna capirono al volo e i

proprietari del locale ci indicarono l'uscita secondaria, dove aspettammo che la situazione tornasse normale. Non passò molto tempo, anche se a me sembrò una vita, e lasciammo il ristorante per raggiungere la macchina. Stavamo camminando lungo una stradina, quando sentii che non riuscivo a procedere oltre. Come un palloncino che ha un buchino piccolo piccolo e lentamente si sgonfia, io mi sentivo cadere priva di energie. L'unica cosa che volevo fare era sedermi a terra. E lo feci.

Non avevo mai fatto una cosa del genere: io che cerco di non perdere mai il controllo, di non mostrare mai le mie debolezze...

Avevo solo voglia di starmene lì seduta. Mi sentivo vuota e incapace di fare altro. Federico, Daniele e Michele non mi dissero niente e senza pensarci un attimo si sedettero a gambe incrociate vicino a me. Ci mettemmo a cerchio e Daniele mi chiese: "Fe', che c'è?".
"C'ho l'ansia!" dissi.
Spiegai come mi sentivo, cosa stavo provando, cosa mi aveva dato fastidio.
Loro mi ascoltarono attenti e poi mi raccontarono le loro ansie senza nessuna vergogna. Piano piano il mal di pancia mi passò e cominciai a rilassarmi. Mi accorsi solo allora che sulla strada c'erano dei passanti che ci guardavano come se fossimo alieni...

Forse sembravamo un po' estranei al mondo, ma l'intimità che si era creata tra noi è uno dei ricordi più belli di quell'estate.

Dopo l'ansia, avevo vissuto un momento intenso nel quale avevo capito che dare sfogo alle proprie difficoltà, parlare con chi può capirti, non è mai una debolezza ma può darti la forza di reagire.
Ho fatto un po' di fatica ad abituarmi alla "popolarità". Dopo aver provato la sensazione di non avere più uno spazio intimo e privato, ho capito come dovevo comportarmi e ho cominciato a prendere le cose belle che implica l'essere un personaggio che qualcuno magari riconosce per strada.
All'inizio quando qualcuno mi fissava, d'istinto pensavo di avere il trucco sbavato o qualcosa che non andasse nel mio aspetto, l'unico desiderio era di scappare. Adesso so che nascondermi non servirebbe a niente... che devo abituarmi all'idea di essere riconosciuta e soprattutto giudicata.
Sul muro della mia camera ho appeso un souvenir comprato a San Francisco quando sono stata a vedere una piccola anteprima di *Coco*. È una specie di targhetta di legno decorata sulla quale c'è scritto: "Non puoi rendere felici tutti!".

**È vero, non posso fare felici
tutti e non posso piacere a tutti,
quindi non devo sforzarmi di
essere qualcosa che non sono.
Meglio essere sempre me stessa
e vivermi meglio tutto.**

Questo significa molte cose: anche andare in giro senza trucco e senza imbarazzo!

✱ Lo spunto della canzone è di Federico e Daniele, ma io li ho ispirati parecchio perché mi ero presa una cotta per un ragazzo e non facevo che parlare di lui, passando dall'odio all'amore alla sofferenza. Mi hanno fatto sentire una bozza del testo e mi hanno chiesto: "Rende l'idea di quello che provi?". Rendeva molto. Ci abbiamo lavorato insieme e questo è il risultato. "Così ogni volta che la canti ti liberi di questa ossessione" mi hanno detto. E io spero che possa aiutare tutti quelli che hanno sofferto per un amore che non è andato bene.

Quanta vita serve*

Non si parlano la gioia e la tua assenza
ho imparato che divento vulnerabile
quanto tutto gira intorno a una speranza
che mi lascia sospesa

Ho provato a dire non mi importa niente
ma i miei occhi sanno che non è così
e ho cercato di sparire tra la gente
ma non passa ancora

Quanta vita serve per dimenticarti
per spostarti solo di un millimetro
fuori dal mio centro fuori dai ricordi
dove la tua voce non arriva più
Quanta vita serve per andare avanti
e cercare nuove mani non le tue

quanta vita serve per innamorarmi di nuovo
di me **

Quando abbiamo perso il fragile equilibrio
tra il volersi troppo e non volersi più
ora c'è una cosa solo che ti invidio
tu riesci a scordare

Quanta vita serve per dimenticarti
per spostarti solo di un millimetro
fuori dal mio centro fuori dai ricordi
dove il tuo sorriso non mi uccide più
Quanta vita serve per andare avanti
e cercare nuove mani non le tue
quanta vita serve per innamorarmi di nuovo
di me

** Alla mia età è facile farsi prendere così tanto da una persona, fin quasi a farla diventare un'ossessione. Quando stai a chiederti sempre "Chissà lui come sta, cosa fa?", ti dimentichi di te stesso e ti trascuri. È dura ritrovare il centro, ma necessario e vitale.

Se è vero che la colpa non è di nessuno
e che qualcosa resta quando si va via
allora se domani arriverà qualcuno
a chiedermi quando ho imparato a fingere
gli parlerò di te ***
o resterai quel piccolo pensiero che torna
certe sere e non ci pensi più

Quanta vita serve per dimenticarti
per spostarti solo di un millimetro
fuori dal mio centro fuori dai ricordi

Quanta vita serve per andare avanti
e cercare nuove mani non le tue
quanta vita serve per innamorarmi di nuovo
di me

*** Non riesco a fingere di stare bene, non mi piacciono i non detti. Alla fine di una storia chiusa o mai cominciata, quello che mi fa più male è la mancanza di sincerità.

Imbarazzo*

*[im-ba-ràz-zo] s.m. → Impaccio, difficoltà, impedimento, ostacolo. ● Disagio interiore che si esprime con un atteggiamento incerto.

Io ho un occhio più piccolo dell'altro e davanti allo specchio noto solo quello. Questo difetto di cui gli altri appena si accorgono, per me è sempre stato enorme; cioè, io lo vedevo così. Anche quando lo nascondevo dietro strati di trucco, se qualcuno mi fissava, ero convinta che fosse per il mio occhio sinistro. E mi imbarazzavo tanto.
A dire la verità, fino a un anno fa mi preoccupavo per tutto: i capelli erano a posto? Mi ero messa il rossetto? Mi ero vestita bene? Insomma, mi facevo un sacco di paranoie.

Adesso se mi va di uscire spettinata o con i capelli raccolti, struccata e con gli occhi un po' gonfi per il sonno, lo faccio perché io sono anche questo.

Ogni giorno ripeto il mio mantra: "Non posso rendere felici tutti, non posso piacere a tutti!"

E siccome in qualunque modo sarò, non potrò mai accontentare tutti, tanto vale che cominci a piacere a me stessa prima di tutto. A essere me stessa.
È quella che si chiama self-confidence e tutte le ragazze dovrebbero averla!
Nella vita di tutti i giorni, mi trucco pochissimo e penso che continuerò a farlo per non diventarne "prigioniera". Non c'è nulla di Alicia Keys che butterei – questa è una premessa –, ma una cosa che proprio mi piace di questa donna è che non ha paura di mostrarsi al naturale. Mi ha ispirato molto quando ha lanciato l'hashtag #nomakeup e ha dichiarato che il trucco per lei era diventato un'ossessione al punto che aveva preso la decisione di non volerlo sempre e per forza. E senza trucco si è presentata anche agli MTV Video Music Awards scatenando dibattiti e polemiche.
Mi fanno impazzire quelli che insultano quando vedono un'artista famosa dal vivo, magari struccata, dicendo che è

orribile... Non è un mostro, ma siamo noi abituati a vederla in un certo modo e ci indigniamo. Eppure le persone normali a casa loro non hanno i capelli con la piega perfetta, non si svegliano con il make-up fatto, l'alito profumato e gli occhi senza borse... Io mi sveglio con gli occhi che non riesco quasi ad aprirli per le caccoline. Lo so, non è una bella immagine, ma la gente nella vita vera è così.
Non voglio essere schiava della mia immagine e nemmeno del trucco, perciò quando posso ne faccio a meno.
E lo consiglio anche a tutte le ragazze della mia età per due motivi:
1. Ci roviniamo la pelle e ce ne accorgiamo poi quando siamo più grandi!
2. Se ci trucchiamo troppo, ci dimentichiamo il nostro volto vero e anche le persone che ci stanno intorno non ci considerano per quello che siamo veramente.

A me ogni tanto piace sentirmi brutta fuori, ma bella dentro.
A me ogni tanto capita di dare il massimo anche con la tuta.

Se vado in studio di registrazione tutta acchittata, truccata, vestita da figa perché dopo ho un altro appuntamento, non ci crederete, ma mi sembra di lavorare peggio rispetto a quando sono in tuta o con i jeans. Perché in fondo non mi sento davvero me stessa, ma come se a casa la notte dormissi con il vestitino di brillanti. E invece no, sto in pigiama.
E con questo, da Federica Guru, è tutto.

Confusione*

*[con-fu-sió-ne] s.f. → Disordine delle cose e delle persone mescolate insieme malamente; mescolanza, miscuglio. ● Turbamento dell'anima e della mente. ● Agitazione per vergogna, rimorso.

Spesso sono confusa. Così confusa che devo fare i conti con la mia testa.
Devo fermarmi e chiedermi chi sono, cosa faccio, cosa ho fatto? Poi cercare di ragionare senza farmi influenzare se non dai consigli sinceri delle persone di cui mi fido, di mantenermi calma, concentrata, di realizzare che, al di là di ogni difficoltà, questa è la vita che sognavo e devo viverla pienamente.

Alla mia testa voglio tanto bene, anche perché è attaccata al mio collo da diciannove anni e mi ci sono un po' affezionata, però non sempre mi è di aiuto.

Alcune volte mi limita.
Di fronte a nuove sfide è proprio lei a dirmi: "Non sei in grado, non sei all'altezza, non sei abbastanza brava!". Qualsiasi scelta io debba fare mi devo allora ricordare di non consultare la mia testa quando non è in buona, ma di seguire un po' l'istinto e il confronto con le persone che mi stanno vicine e che mi sanno spronare.
Ci vado così d'accordo con il mio cervello che gli ho scritto una canzone.
Dice più o meno così:

Da quando non so più guardare
il mondo con gli occhi
da bambina
e farti ragionare non basta
stupido e abile
a fare sbagli grossi
a rendere i pensieri più mossi
ti fidi dell'istinto e degli altri
mi fai del male
e lo sai fare meglio degli altri.

Non l'ho ancora finita.
Ma sono certa che il mio cervello non mancherà di ricordarmelo in futuro.

Allegria*

* [al-le-grì-a] s.f. → Stato dell'animo soddisfatto e gioioso che si manifesta con vivacità.

28 agosto 2017. Castell'Umberto, provincia di Messina.

Quando Rory ci aveva detto che avrebbe noleggiato un pulmino e che lo avrebbe guidato lui, ci era sembrata la soluzione più comoda per tutti.

L'idea che io, la band, Federico e Daniele fossimo tutti insieme, tipo gita scolastica, mi piaceva un sacco e mi metteva tanta allegria.

Nella trasferta siciliana avrei suonato in piazza con Rosario Canale che insieme a Rory Di Benedetto conoscevo perché sono gli autori di *Ti avrei voluto dire*. Non sapevo molto altro di loro, ma la prima cosa che mi fu chiara, dopo essere atterrata a Catania ed essere salita sul pulmino, era che Rory è molto più bravo a scrivere canzoni che a guidare.
La nostra prima destinazione era l'albergo: se il primo tratto di statale non ci aveva riservato nessun brivido, fu ben diverso quando prendemmo la strada piena di curve e buche che arrivava all'hotel dove ci fermammo giusto il tempo di posare i bagagli e cambiarci, per poi ripartire alla volta del paese.
L'impressione era quella di stare sulle montagne russe. Io e Yuri Barilaro eravamo seduti nell'ultima delle tre file e davanti a me, a ogni tornante, vedevo la ciurma ondeggiare da una parte all'altra dell'abitacolo. Cercavo di distrarmi guardando il telefono o fuori dal finestrino ma, a parte terra arsa e vegetazione brulla, non c'era molto da osservare.
A ogni sterzata, lo stomaco mi saliva in gola e sbroccavo in silenzio. Poi in lontananza avevo notato una processione, le macchine che camminavano a passo d'uomo dietro la croce e i fedeli, e avevo tirato un sospiro di sollievo: era una vera benedizione perché avrebbe fermato la nostra corsa e ci avrebbe costretto a rallentare il passo dietro il corteo che rientrava in paese. Un'altra curva così e avrei vomitato.

Più tardi, avrei scoperto che dovevo ringraziare solo san Vincenzo per il favore che mi aveva concesso.

Così, lentamente, avevamo seguito il corteo ed eravamo entrati in paese, ma le strade erano strette e affollate di gente che ci veniva incontro come a ondate. Avevamo dovuto fare lo slalom tra una bancarella e l'altra, e solo per miracolo (san Vincenzo deve avere davvero dei super poteri) non avevamo steso nessuno, nemmeno un venditore ambulante di semi e frutta secca!

**Quella volta ho provato disagio vero, ma ripensandoci è stato uno spasso.
Mi fa pensare a come ogni cosa strana può diventare divertente se sei insieme ai tuoi amici.
E che puoi riderci sopra a distanza di tempo.**

Che in alcuni casi, credetemi, è anche una bella fortuna poterla raccontare!
Quell'estate ho davvero girato tutta l'Italia, e lo dico con un certo orgoglio perché mi è servito tantissimo esibirmi anche nelle circostanze più improbabili.

"Ma davvero devo andare in tutti questi posti, Ste'?" avevo chiesto al mio manager all'inizio dell'estate leggendo il lungo elenco di instore.
"Non sei obbligata, ma secondo me ti fai le ossa!" mi aveva risposto.
"E davvero devo cantare dal vivo?"
"E sennò come te le fai le ossa, scusa?"
"Già, come me le faccio?"
Oltre a firmare le copie del disco, a fare foto e video con i fan, ho cantato dal vivo in tutti gli instore e ho portato sempre a casa la mia esibizione, anche quando non sentivo la mia voce oppure la base sovrastate dai cori entusiasti del pubblico. E ho capito perché Stefano ci tenesse così tanto.

Ho capito che un artista deve adattarsi a ogni situazione, perché da ogni situazione puoi imparare qualcosa.

Quella sera, una delle prime in cui suonavo con il gruppo, la piazza di Castell'Umberto fu davvero molto calorosa.
Anche dietro le quinte, nei camerini, fui letteralmente invasa da ragazzini carinissimi che non la smettevano di chiedermi di fare foto e video insieme a loro. In qualche ora penso di aver abbracciato tutta la popolazione giovanile del paese e non solo: pure i loro genitori, gli zii e i nonni, che dopo quella per il paese avevano iniziato una nuova processione davanti al mio camerino.
In genere non impazzisco quando vengo sballottata da una parte all'altra, e forse anche quella sera mi innervosii... ma cavolo, era un onore: mi stavano trattando proprio come il loro patrono, san Vincenzo!

Tristezza*

*[tri-stéz-za] s.f. → Malinconia, dolore, angoscia, afflizione.

La giacca pesante, la sciarpona intorno al collo, la testa incassata come quella di una tartaruga nel suo guscio, e una specie di broncio disegnato sulla faccia... per molte mattine di seguito mi sono presentata così alle lezioni nella scuola di *Amici*. La maestra Raffa, Raffaella Misiti, appena entravo nello studio, sorridendo mi salutava bonaria: "Buongiorno Tristezza".
Aveva ragione, perché assomigliavo proprio al personaggio di *Inside Out*. Pur sapendo di essere fortunata, non riuscivo a togliermi quell'espressione dal volto e quel modo di fare dai miei atteggiamenti. Era più forte di me. Me la prendevo con me stessa:

non si può affrontare con un mood così negativo ogni giornata!

Pur avendo sempre lavorato sulla tecnica, al mio arrivo nel talent mi fecero notare che avrei dovuto lavorarci ancora molto e che mi sarei dovuta concentrare anche sulla pronuncia, sulla respirazione e sul mio modo di cantare. Avevo, e ho ancora, una postura molto pigra nel parlare, il che mi porta a sforzare in modo assurdo le corde vocali, perciò mi dissero che avrei dovuto fare lezioni di logopedia.

> **È inutile girarci attorno, tutti sappiamo di non essere perfetti, ma quando qualcuno ci spiega in cosa dobbiamo migliorare, il lavoro da fare ci sembra enorme.**

E ci rimaniamo male, perché pensavamo di essere strafighi e invece non lo siamo.
Io mi svegliavo la mattina e mi sentivo triste. Avevo questa tristezza dentro e lì per lì non sapevo nemmeno da dove provenisse... Poi pensavo alla giornata che avevo davanti, agli esercizi di logopedia come soffiare nella cannuccia, fare le faccine strane e tutte le cose da pazza di cui mi vergognavo tantissimo, e capivo l'origine del mio umore.
Nasceva dalla consapevolezza di non essere brava come

pensavo o come tutti mi avevano fatto credere di essere. Avrei dovuto lavorare sodo per migliorare, ma non mi sentivo di avere la tempra per farcela. Ecco perché ero triste. Ovviamente la paura mi stava giocando un brutto scherzo. Quando lo capii, la tristezza cominciò a passare per lasciare posto al disgusto. Disgusto nei miei confronti per il modo un po' noioso e codardo di affrontare le nuove sfide, per il mio modo costante di essere negativa.

Finché non mi stufai anche di Disgusto.

Entrambi tornano spesso a trovarmi, li ho accettati come parte di me, ma cerco di non farmi sopraffare e di andare avanti a fare le mie cose.

La tristezza resta ovviamente il mio mood principale: quando canto, dicono tutti che sembro tristissima. Ma in realtà sono la persona più felice del mondo, perché sto sfogando tutto quello che ho dentro.

Disgusto*

*[di-sgù-sto] s.m.→ Contrarietà al gusto, nausea, ripugnanza. ● Dispiacere per una cattiva azione ricevuta. ● Malumore.

Lo provo spesso nei confronti delle persone orribili.

Orribili per me sono i falsi, quelli che fanno finta di essere amici di tutti, ma poi in realtà non lo sono. Quelli che si "lecchinano" tra loro per fare gruppo.

Mi capita di vederli in giro, sono quelli che fanno i super amiconi con tutti, anche se poi non sanno nemmeno bene il tuo nome. Lo fanno per far credere agli altri di essere qualcuno o di rappresentare qualcosa che non sono.

E poi mi disgustano gli egoisti, gli egocentrici, i super vanitosi.

In generale tutti quelli che pensano di essere superiori quando in realtà dovrebbero ringraziare il cielo per quello che hanno. Che a volte è pure troppo.

Vergogna*

*[ver-gó-gna] s.f.→ Timore, turbamento per un atto proprio o commesso da altri che sia sconveniente, indecoroso, indecente, disonorevole. • Timore di disonore e rimprovero. • Senso di soggezione e timore.

L'applauso di incoraggiamento: il mio peggior incubo. Mi stavano facendo l'applauso di incoraggiamento, mentre io volevo solo sprofondare per la vergogna, scappare su un'isola deserta, tutto all'infuori che stare con il microfono in mano.
Mi vennero in mente i concorsi ai quali partecipavo quando ero piccolina. Spesso accadeva che qualche partecipante, per l'emozione di esibirsi in pubblico, sbagliava qualche parola oppure steccava, poi si bloccava, incapace di proseguire, come se fosse paralizzato.
Io lo guardavo con gli occhi sgranati e un po' vivevo la sua paura, un po' sentivo la sua vergogna. Poi dal pubblico arrivava l'applauso di incoraggiamento e lui ricominciava dall'inizio la canzone. Io lo so che era meglio dei fischi e del lancio delle monetine, ma per me rappresentava il simbolo della disfatta e dell'umiliazione massima.
E adesso lo stavano facendo a me quell'applauso. Non ero riuscita nemmeno a cantare la seconda strofa che la voce

mi si era bloccata nella gola, mi ero dimenticata le parole.
"Ahhh!" esclamai per la rabbia. Mi allontanai dal microfono, sentivo le lacrime che premevano sugli occhi, ma restavano ferme lì.
Guardai Maria che mi sorrideva.
Volevo piangere, invece sfoderai il mio solito sorriso dell'imbarazzo.
"Ok, stoppiamo" disse.
La base si fermò.
Io non sapevo più da che parte guardare.
Era quasi marzo, il pomeridiano di *Amici* stava per finire e in una sfida avevo presentato per la prima volta l'inedito *Ti avrei voluto dire*, senza il mio pianoforte a proteggermi.

Per complicarmi ancora di più la vita, avevo deciso di provare a cantare con gli occhi aperti, ma non aveva funzionato. Presa da troppe ansie, mi ero bloccata.

E adesso stavo lì senza sapere cosa fare.
"Scusate" fu l'unica cosa che riuscii a dire.
Maria mi suggerì di restare concentrata, di non ascoltare e guardare tutto quello che succedeva intorno a me nello studio.
"Federica, vuoi provare a cantarla con gli occhi chiusi?" mi chiese.
"Eh sì" sospirai.
"E allora tienili chiusi. Chiudili e pensa al significato del testo."

La base ripartì. Lo ricantai: andò bene, ma non servì a cancellare l'onta che provavo.

E che provo ancora oggi quando ci ripenso.
Voi ce li avete i momenti epici della vergogna? Quelli che vi rimangono impressi nella memoria, fino a quando ne arriva uno tutto nuovo a sostituirlo?
La volta che mi impappinai con il nuovo inedito scalzò nel mio cv di figuracce quella in cui entrai sulla scena di *Sister Act* in ritardo.
Avevo dieci anni e la mia scuola di musica per il saggio di fine anno aveva preparato il musical nel quale io avevo una parte. Lo spettacolo era bellissimo e io avevo imparato tutte le battute e le canzoni a memoria, ma probabilmente non mi erano ancora chiari i tempi teatrali, perché la protagonista era rimasta da sola per dieci minuti ad aspettarmi con un ferro da stiro in mano, in preda al panico. Quando finalmente mi avevano trovato, nella stanza dove mi stavo cambiando, mi avevano sgridato così duramente che al mio ingresso in scena non ricordavo più una battuta. Era uno dei miei primi saggi e praticamente avevo fatto scena muta: la vergogna vera.
A distanza di sette anni da *Sister Act*, era giunto il momento di scalzare quell'episodio con uno nuovo e più eclatante. Riuscii perfettamente nell'impresa visto che la figura la feci

davanti ad almeno un milione di telespettatori. L'effetto fu orribile: mi sentivo la faccia in fiamma, avrei voluto piangere e basta. A quel punto di *Amici* ero ancora molto suscettibile e sensibile nei confronti del giudizio esterno.
Infatti, la prima cosa che mi balenò nella testa fu: "Cosa penserà di me la gente che mi vede da fuori?". Odiavo l'idea che si facessero un'idea sbagliata, che mi prendessero per quella che aveva una grande opportunità e la stava sprecando impegnandosi poco o sentendosi troppo sicura di sé. Avevo da poco sperimentato sui social quanto cattive, e a volte poco fondate, potessero essere le critiche di chi seguiva il talent, temevo che si scagliassero contro di me ferocemente. E non lo sopportavo.

Non sopportavo nemmeno l'idea di aver sbagliato. Io che volevo sempre piacere a tutti ed essere perfettina, ero inciampata e caduta.

Per giorni stetti malissimo, mi sembrò quasi di impazzire per quello che provavo. Fu certamente uno dei momenti più difficili da superare, ma non potevo buttare via tutto, perciò mi rialzai e reagii.

Anche quell'occasione mi era servita per capire una cosa importante: dovevo mostrarmi per quella che ero.

Se non avessi chiuso gli occhi e cantato come facevo sempre, avrei sbagliato ancora quaranta volte di fila. Seguii invece il consiglio di interpretarla nel mio modo.
E pazienza se a qualcuno questo mio modo di cantare non piaceva, perché è l'unico che mi permette di cantare davvero con il cuore.

Molto più di un film*

La verità è che non so come
sono arrivata qua
avevo solo un pianoforte e un
cuore rotto
era il mio passaporto e volavo
chiudendo gli occhi**

La musica è un treno che mi porta in
mille città
mi chiama un sogno ed io mi spingo più
lontano
perdendo la tua mano in un salto
e poi tocco il cielo

Tenendomi più forte che non finisce qui
ogni emozione è molto più è molto più di un film
Puntando all'orizzonte che non finisce qui
ogni conquista è molto più è molto più di un film

La verità è che ogni bacio visto al cinema
non vale quanto reincontrarti tra la gente
in questa confusione noi dobbiamo andare
verso un'altra canzone

* Il titolo di questa canzone è venuto fuori grazie a Giulia Anania e Marta Venturini, con cui l'ho scritta. Ci siamo scambiate molte idee e pensieri, io gli ho raccontato tanto di me... Il ragionamento è stato più o meno così: "Sembra un film!" dice una, "Ma non è un film!" dice l'altra. "No, è la mia vita ed è molto di più!"

** Il testo è molto autobiografico e riassume quello che ho vissuto nell'ultimo anno.
La storia inizia così: davanti a un pianoforte e con un dolore grande dentro.

Tieniti più forte che non finisce qui
ogni emozione è molto più è molto più di un film
Puntando all'orizzonte che non finisce qui
abbracciami che è molto più è molto più di un film

La verità

Tenendoci più forte
ogni emozione è molto più è molto più di un film
persi in questo mondo che non finisce qui
la nostra storia
è molto più
è molto più
di un film ***

*** Sui social spesso facciamo vedere la parte più bella della nostra vita, ma dietro c'è molto altro, c'è appunto la vita vera, qualcosa di più grande. Perciò dobbiamo vivere quello che abbiamo giorno per giorno e vivercelo bene perché abbiamo una vita sola. *Dajè!*

Incomprensione*

* [in-com-pren-sió-ne] s.f. → Assenza di comprensione, incapacità di comprendere le esigenze e i problemi altrui.

Non sono un'incompresa, ma mi è capitato di essere "vittima" di qualche incomprensione, soprattutto quando ero ad *Amici*.

Nel talent, non so perché, ero considerata la prima della classe e la cocca dei professori. Che per me era una cosa parecchio strana perché io non sono mai stata una "lecchina" e all'alberghiero Gioberti come studentessa ero un disastro.

Sentivo la responsabilità di questo ruolo inedito di prima della classe, cercando di dare sempre il massimo.

Altrimenti da casa mi avrebbero giudicato male, o peggio mi avrebbero insultata. Eppure la perfezione non è degli umani, figuriamoci se potevo esserlo io che stavo muovendo i primi passi nel mondo della musica!

Non riuscivo sempre
a dare il meglio di me,
e ogni volta
che finiva una puntata
andavo in crisi.

Chiedevo ai miei compagni di sequestrarmi il telefono per impedirmi di andare a leggere i commenti sui social.
Perché non li reggevo, specie se erano cattivi come sanno essere quelli di chi dietro lo schermo di un computer si permette di sparare a zero.
A un certo punto, poi, ero diventata la raccomandata del programma! Per giustificare la mia presenza nel talent, quelli a cui non piacevo le avevano inventate tutte, al punto che sembravo imparentata con l'intero mondo dello spettacolo.
A mia insaputa, mi aveva raccomandato mio fratello Marco Carta. Non ci sarebbe nulla di male nell'essere sua sorella, ma io e lui abbiamo in comune solo le origini sarde e quindi il cognome.
Mi aveva raccomandata anche Paolo Carta, il compagno di Laura Pausini, che ahimè non conosco neppure, altrimenti avrei qualche chance di incontrare un mio mito.
Mi aveva raccomandato pure Giorgia, perché ho studiato

canto con suo zio Gianni Davoli! (Tra l'altro il maestro Davoli sarà felice di essere stato nominato, perché mi racconta sempre che il maestro di Giorgia, dopo il suo successo, ebbe un boom di lezioni, sai mai... anche se lui non ne ha bisogno.)
Io sapevo di valere qualcosa e mi dava fastidio che il mio talento e la mia passione non fossero compresi. Leggere tutto quello che dicevano di me, soprattutto le cattiverie, mi faceva soffrire tantissimo.
Andando ad *Amici*, ero passata da una vita tutto sommato "normale" a un'esposizione cui non ero abituata. Non amavo che mi giudicassero e mi ferivano parecchio i commenti di chi si permetteva di dire tutto quello che gli passasse per la mente senza sapere nemmeno chi fossi.

Oltre a farmi male, il cyberbullismo (perché è di questo che si tratta) mi faceva rabbia, perché non si può pretendere di conoscere una persona solo guardando le sue foto e le sue stories su Instagram.

Sui social io metto la parte della mia vita che più mi piace, quella serena e che penso possa essere di ispirazione anche per chi mi segue.
È solo una selezione, non comprende per esempio la fatica e la frustrazione che provo alle volte. Perciò non posso essere giudicata per una parte della mia vita. C'è molto altro dietro.
All'inizio ci ho sofferto moltissimo. Poi ho iniziato a conviverci.

**Adesso solo un consiglio:
la vita è molto più di un film,
andate oltre, guardate oltre e
poi vivete la vostra vita a fondo,
perché è solo una e merita
di essere vissuta al top.**

Frustrazione*

* [fru-stra-zió-ne] s.f. → Delusione per uno sforzo vano che non porta a quanto desiderato.

Mi sento frustrata...

✔ quando inizio la strofa di una canzone ma non riesco a finirla, e infatti la memoria del mio telefonino è piena di versi abbozzati fermi lì ad aspettare che ci torni a lavorare sopra;

✔ quando riascolto un pezzo che appena fatto mi sembrava bello e il giorno dopo orribile;

✔ quando non riesco a scendere a patti con il mio essere troppo autocritica. Ogni volta che canto, scrivo, compongo, mi immagino di essere osservata da qualcuno pronto a giudicarmi, e questo qualcuno in genere sono proprio io. È difficile convivere con me stessa;

✔ quando perdo la voce e non posso cantare e urlare quello che ho dentro;

✔ quando non riesco a esprimermi parlando: mi riesce più difficile di scrivere e cantare.

In testa ho tanti pensieri e tante cose da dire, ed è come se volessero uscire da uno spazio piccolissimo, perciò la prima parola si blocca e tutte le altre appresso le vanno addosso. Succede poi che escono spingendosi l'un l'altra in maniera confusa e il risultato è il caos.

✔ quando mi dicono che sono brava, perché io non mi fido mai a prescindere e vorrei essere in grado di capire quando è vero e quando non lo è. Se sbaglio o faccio male voglio sentirmi dire che sto sbagliando, vorrei qualcuno che mi guidi nella giusta direzione;

✔ quando mi sembra di non fare abbastanza per mantenere e far crescere tutto quello che ho avuto fino a oggi, quando sento troppo il peso della responsabilità che ho nei miei confronti;

✔ quando mi faccio delle domande esageratamente grandi sul mio futuro e non so rispondere. Perché non posso rispondere, perché le risposte arriveranno, ma io devo avere la pazienza di aspettarle e la tenacia di determinarle.

Tenerezza*

* [te-ne-réz-za] s.f. → Qualità di tenero, di ciò che è molle, morbido, cedevole al tatto, flessibile. ● Delicatezza e dolcezza di sensibilità, affetto, compassione, amore.

Questa emozione ha un nome: Maria, la mia mamma.
Da quando ho un pianoforte a cui puoi attaccare le cuffie e suonare a ogni ora del giorno senza dare fastidio a nessuno nel palazzo, tornando a casa mi sono accorta che qualcuno, se non ci sono, entra in camera mia per suonare.
Ho scoperto che è la mamma, che di tanto in tanto prende i suoi spartiti di musica classica, si siede e suona.
La mamma ha studiato pianoforte al Conservatorio, ma non si è mai diplomata. Il pianoforte è però rimasto la sua passione segreta. L'ha dovuto abbandonare quando ha cominciato a lavorare, poi con il matrimonio e l'arrivo di Arianna e mio è diventato per lei difficile riprendere gli studi. Eppure non ci ha mai detto che lo rimpiange, non lo ha mai fatto pesare a nessuno, in famiglia, mai una volta.
A casa ho ascoltato Claudio Baglioni da quando ero nella culla perché mamma è una sua super fan... e con Baglioni anche tanta altra musica pop italiana.

Eppure la mamma non ha riversato su di me la sua passione pretendendo che facessi quello che non aveva potuto fare lei.

Non è stata mai insistente quanto papà, ma mi ha supportato quanto lui. Dopo avermi suggerito di prendere lezioni di canto, si è sempre assicurata che lo facessi perché amavo davvero la musica.
In questo ultimo anno e mezzo, sono cambiate parecchie cose nella mia vita. L'esperienza di *Amici* è stata molto forte e mi ha fatto crescere tanto.
Mamma si è accorta di tutti i miei cambiamenti e si è preoccupata spesso per me.
A lei importa solo la mia felicità, e se c'è qualcosa che mi turba, mi ricorda sempre che devo fare quello che ritengo giusto per me, che mi rende serena e che amo sul serio.
Nonostante io mi chiuda a riccio quando ho un problema, lei con tutta la pazienza del mondo mi viene incontro e cerca di capire cosa c'è che non va. A volte, forse, vorrebbe che io mi confidassi con lei come se fosse un'amica, ma il suo spirito di mamma esce sempre allo scoperto e finisce per darmi consigli da genitore.

E in fondo, è così che la voglio: mamma e basta.

Tenera, amorevole, comprensiva com'è, non la cambierei di una virgola, nemmeno quando si arrabbia (sembra che per statuto una mamma si debba incavolare ogni tanto!).
La mamma fa un lavoro pesante, perché è un'operatrice socio-sanitaria in un ospedale. Eppure non si lamenta mai, nemmeno quando qualcuno si approfitta della sua bontà e della sua disponibilità. Anzi, è grata per tutto quello che ha e penso che sia la cosa più importante che mi abbia insegnato: la gratitudine.

Grazie a lei ho imparato a dare il giusto peso alle cose, ad apprezzare tutto quello che ho. Solo per questo, è perfetta.

Colpa*

* [cól-pa] s.f. → Azione, anche involontaria per sbadataggine o negligenza, che causa danno. ● Infrazione della legge soggetta a pena. ● Peccato.

A me piace avere la mia età e fare cose da diciannovenne. Alcune volte, però, le cose da diciannovenni mi causano dei problemi.
Problemi che mi fanno sentire parecchio in colpa.
Ho sempre avuto una vita tranquilla e regolare. Ho iniziato a uscire la sera a diciotto anni, da poco quindi. Non amo le feste esclusive; la prima e l'ultima a cui sono andata è stata in una discoteca di Gallipoli, e non mi sono divertita tanto a guardare tutto il resto del mondo dal privé.
Mentre osservavo i ragazzi della mia età che ballavano, magari un po' ubriachi, mi chiedevo: "Ma perché a me non piace fare queste cose, perché sono così diversa, perché non sono felice di essere a questa festa?". Forse perché non sono normale?!
Amo il mio spazio privato, mi piace passare il tempo con i miei amici più intimi, andare al cinema o al pub oppure a un concerto.

Fare una vita sopra le righe non è per me... anche perché mi sentirei tremendamente in colpa nel trattare male il mio corpo.

Proprio così, mi sento in colpa quando non sto attenta al mio benessere e quando non ho cura della mia voce. Avendo però diciannove anni e la voglia di fare casino con gli amici quando capita, vivo un grosso conflitto tra il fare e il non fare.
E allora mi succede di stare poco attenta e di fare sciocchezze... Quando per esempio fa freddo e mi copro poco, il giorno dopo mi ritrovo con il naso che cola, la gola in fiamme e mi arrabbio con me stessa da morire (soprattutto perché mi succede proprio quando ho mille impegni di lavoro). Se vado in un locale dove la musica è alta e passo il tempo a gridare come una stupida per parlare con i miei amici, la mattina dopo, quando sono senza voce, mi dico "Ma allora non hai imparato niente, non te lo meriti questo lavoro!".
Siccome sono molto delicata, so bene che è necessario che io presti molte cure alla mia voce: devo idratare bene le mucose, devo fare un buon riscaldamento vocale prima di iniziare a cantare, devo sottopormi a dei controlli periodici dal foniatra... Eppure mi capita di andare sempre oltre: forse non conosco ancora molto bene il mio corpo, ma che nervoso quando arrivo al limite!
Ad *Amici* ho avuto una maestra eccezionale che mi ha insegnato quanto è importante avere uno stile di vita che ti permetta di dare il meglio.
Elisa Toffoli, per me fonte immensa di ispirazione, mi ha fat-

to crescere molto sul canto e mi ha fatto capire perché è fondamentale prendersi cura di sé.
Alla scuola, ha messo in riga me e i miei compagni di squadra: per un periodo ci ha fatto seguire una dieta, ci ha imposto di correre, di fare allenamento fisico tutti i giorni e di andare a letto presto. Questo è il suo stile di vita, il suo standard per poter dare il massimo nei periodi più critici e impegnativi, come i tour o durante le registrazioni.
Elisa per me rappresenta la passione e l'attenzione maniacale a ogni particolare della tua carriera. Lei, che è bravissima, studia ancora tecnica vocale tutti i giorni perché sa che la voce è uno strumento da tenere in costante allenamento.

Il talento è importante, ma da solo non basta se non hai anche una testa sopra le spalle che funzioni bene.

Ed Elisa su questo mi ha aperto gli occhi.
"Io non vado a dormire la sera se non sono soddisfatta di quello che ho fatto durante il giorno!" Più o meno è questo il succo di un discorso che ci ha fatto una sera e che mi ha colpita molto.
Io ogni giorno sento di dover lavorare sodo e in modo completo, perché se non lo faccio mi sento divorata dal vuoto, dall'insoddisfazione e dal senso di colpa.

Ammirazione*

* [am-mi-ra-zió-ne] s.f. → Atto dell'ammirare, contemplazione, meraviglia.
● Sentimento di profondo rispetto.

Ammiro le persone alle quali sono legata dagli affetti.
Poi ammiro le persone che ce la mettono tutta.
Quelle che sanno fare il loro lavoro con professionalità e tanta passione.
Quelle così brave da avere mille cose da insegnare oppure che puoi rubare e fare tue.

Le persone che ammiro sono per me esempi e fari, mi illuminano, mi ispirano, mi danno tanto. Sono per me uno stimolo a migliorare e crescere.

Tra queste persone ci sono:

Elisa Toffoli, un esempio di impegno e passione incredibili.
Professionista instancabile, lavora duro e non si ferma finché non è soddisfatta di quello che ha fatto. Ho apprezzato di lei anche il modo di starmi vicina quando ho registrato il primo disco. Non era obbligata a farlo, invece mi ha supportato in ogni momento, dal riscaldamento vocale alla registrazione dei pezzi, dandomi consigli preziosi che ho messo in uno scrigno e che spero di far fruttare.

Laura Pausini, un talento e una grinta eccezionali.
Le prime canzoni che ho cantato da piccolina sono le sue e vorrei tanto conoscerla, prima o poi, per scoprire se è vero quello che mi ha riferito il bassista della band che mi accompagna. Una piccola puntualizzazione: il bassista Roberto Gallinelli suona anche con Laura e già sapere questo mi ha quasi fatto svenire...

poi lui un giorno mi ha confidato
che Laura mi ha ascoltata
e ha detto che sono brava!

E lì sono svenuta un'altra volta. Non devo crederci?! Ma perché dovrebbe dirmi una bugia?

Giorgia, una delle più belle voci che io conosca, a cui mi piacerebbe assomigliare.

Alicia Keys, artista eccezionale, di cui adoro il modo di scrivere diretto e immediato. Per non parlare del coraggio di andare contro corrente, vedi il suo hashtag **#nomakeup**.

Franco Califano. Strano per una ragazza di diciannove anni, lo so, ma per chi scrive canzoni il suo lavoro è la poesia.

Claudio Baglioni, anche per una questione di rispetto a mia madre, che ha tutti i suoi dischi e lo ascolta da quando era una ragazzina. Per osmosi è diventato pure un mio idolo.

Invidia*

* [in-vì-dia] s.f. → Rancore, dolore o malessere che si prova per la fortuna, il successo, la ricchezza o la felicità altrui.

Mia nonna diceva: "Se l'invidia fosse febbre, tutto il mondo n'avrebbe". Perché è vero, tutti siamo un po' invidiosi.

L'invidia, però, non è per forza un'emozione negativa. C'è anche un tipo di invidia che assomiglia all'ammirazione.

Per esempio, quando penso "Ha una voce da fare invidia", non mi sto augurando il peggio per l'artista a cui è rivolto il mio complimento.
Non mi sento rancorosa o astiosa nei suoi confronti, lo dico e lo penso sinceramente, e magari lo prendo come modello per migliorarmi.

Quando sento la voce di Elisa, crepo letteralmente dall'invidia. Oltre che essere espressiva al massimo, è tecnicamente perfetta, ma per arrivare a quel livello so che studia anche quattro ore al giorno, tutti i giorni, e che ha improntato il suo stile di vita per raggiungere quell'obiettivo.
C'è molto lavoro dietro, e limitarsi a dire "Ha una voce da paura, quanto l'invidio", pensando sia un dono del cielo che tu non hai ottenuto, è solo un alibi alla tua pigrizia. Perché l'unica cosa che dovresti fare è correre a studiare per ottenere il massimo da te.
Quando ascolto canzoni come *Giudizi universali* di Samuele Bersani, provo invidia per il suo talento nello scrivere i testi e comporre le melodie, ma non mi fermo a rosicare, come si dice a Roma, mi prende piuttosto la smania di scrivere e di farlo al meglio. Provo a capire come ha fatto quel pezzo, che cosa funziona, qual è la cosa che mi piace di più.

Insomma, cerco di imparare da quelli bravi.

Quando ho nelle cuffie Alicia Keys, mi dico: "Cavoli, avrei voluto scriverla io questa canzone, è troppo bella!". Amo il suo modo diretto e immediato di comunicare quello che vuole dire. Il suo linguaggio è crudo, non usa giri di parole, va dritta al punto e colpisce al cuore.
Questo vorrei fare io con le parole, anche se spesso alcu-

ne immagini che mi vengono in mente non posso usarle. Mi spiego: mi piacerebbe scrivere qualcosa come “Troppe chiamate perse e quelle sigarette spente”, perché rende immediatamente l’idea di quello che voglio dire, ma il ricorso all’immagine della sigaretta non c’entra con me, con il mio genere e con il mio pubblico, in cui ci sono molti giovanissimi.
Mi sento responsabile nei loro confronti e mi piace dare il buon esempio, perciò cambio le parole e trovo un modo diverso per esprimere lo stesso concetto.
La bravura sta anche nel trovare delle alternative!

Dove sei*

* Una frase così semplice ma così potente: dove sei? Me lo chiedo spesso dove vanno le persone che amiamo quando non ci sono più.
Io prima sapevo sempre dov'era e cosa faceva Nico, ci mandavamo un sacco di messaggi, perciò questa domanda mi rimbomba nella testa continuamente.

Avrò cura del tuo ricordo
il mio riparo se crolla il mondo
quando gira tutto e non afferro niente
e un posto non c'è

Io ti sento da qualche parte
ma ti perdo continuamente**
ho buttato scarpe per i troppi passi
e un posto non c'è

ma tu me l'hai promesso che
ci sarà un ritorno
dove sei dove sei
me lo chiedo da

Sempre tu ci sarai per sempre
oltre le nuvole
se parlo al cielo io parlo con te
Che mi capivi sempre
perché eravamo noi
tutto è sbagliato lontano da te

** Quando sto facendo una cosa anche insignificante, mi sembra di sentirne la presenza, a volte è una specie di carezza, altre un solletico. Dura un attimo e poi sparisce.
E alla fine non so se c'è oppure no.

È il tuo nome che batte il tempo
non c'è niente che duri tanto
ho un appuntamento con il tuo sorriso
ma il posto qual è

mi devi ancora un giorno
almeno dammi un segno
dove sei dove sei
che mi manchi da

Sempre tu ci sarai per sempre
oltre le nuvole
se parlo al cielo io parlo con te
Che mi capivi sempre
e bastavamo noi
tutto è sbagliato lontano da te

***
Ero indecisa se tenere questo verso che sembra un po' banale o infantile. Nasce però da una cosa che mi è successa veramente: stavo facendo un instore all'aperto e aveva appena finito di piovere quando ho attaccato a cantare *Attraversando gli anni*, e in cielo è apparso l'arcobaleno. Un'emozione incredibile.

Sono troppe le paure e i segreti che non sai
riuscirò a tirarti fuori dai miei sogni prima o poi
e abbracciarti forte un'altra volta solo un'altra volta
dove sei dove sei
fuori piove da sempre
sempre

Tutto è sbagliato lontano da te

ma ci sarai per sempre oltre le nuvole
l'arcobaleno mi parla di te***
dove sei dove sei
Tutto è sbagliato lontano da te
dove sei dove sei
mentre fuori piove

Solitudine*

* [so-li-tù-di-ne] s.f. → Stato di chi vive solo, di chi è solitario. • Luogo solitario non frequentato, deserto, disabitato.

La solitudine non mi piace.
Odio stare da sola, ho sempre bisogno di parlare con qualcuno, di sentire la vicinanza delle persone che mi vogliono bene.

Non sto da sola
nemmeno quando sono sola;
quando scrivo, canto,
compongo, ci sono sempre
il mio pianoforte e la musica
a riempire il vuoto.

Non amo stare sola perché penso troppo, nella testa cominciano a girare pensieri e domande alle quali non so dare un nome e una risposta. Se non esco da quel turbinio, rischio di rimanere paralizzata.

Allora è meglio che ci sia sempre qualcuno o qualcosa con me che impedisca al mio cervello di girare a vuoto.

Gratitudine*

*[gra-ti-tù-di-ne] s.f. → Sentimento di affetto e riconoscenza verso qualcuno che ci ha procurato un bene. • Debito di riconoscenza e di amore.

Non ho ancora fatto molta strada, anche se mi sono successe così tante cose che mi sembra di avere vissuto più a lungo dei miei diciannove anni.
Il mio percorso di cantante è appena cominciato, non mi sento ancora arrivata da nessuna parte.

Per il carattere che ho, dubito che ci saranno risultati di cui mi accontenterò facilmente, perché a ogni tappa raggiunta chiederò a me stessa sempre di più.

Anche se questo è solo l'inizio, sono immensamente grata alla mia famiglia che mi supporta sempre, ai miei amici, ai miei collaboratori, ai fan, alla vita...
Sono grata anche ad *Amici* (e non lo dico mai abbastanza). Se oggi ci sono persone che mi seguono e si sono affezionate a me è anche perché ho fatto quel programma. Se non avessi partecipato, forse sarei emersa lo stesso, prima o poi, ma penso che mi abbia dato una bella spinta, inutile nasconderlo. Sono in tanti a criticare i talent, ma per chi ha il sogno di vivere di musica sono una possibilità importante. Ognuno, poi, è libero di scegliere se tentare quella carta oppure fare altro. E lo stesso vale per chi si mette davanti al televisore, può scegliere di guardarli oppure vedersi la sua serie preferita.

Ovviamente c'è la gratitudine
nei confronti dei miei fan,
che è strana... fanno talmente
parte della mia vita che non
li ringrazio mai abbastanza.

Mi spiego: è come quando la tua famiglia fa tutto per te, ma tu non la ringrazi per ogni cosa che fa per te, non stai sempre a dire: grazie grazie grazie. La tua famiglia lo fa perché ti ama e tu ricambi questo amore, è una specie di scambio. Sarebbe strano se ogni mattina mi svegliassi e dicessi a mamma e papà: "Grazie". Eppure sarebbe bello e giusto farlo, perché se lo meriterebbero proprio. Con i miei fan succede la stessa cosa, dovrei ricordarmi di ringraziarli

più spesso, perché senza il loro affetto non sarei qui, non farei dei tour e il mio lavoro non avrebbe avuto il riscontro che ha avuto.
E poi la vita! Sono grata alla vita, perché non mi sta facendo mancare niente.
Se a volte mi sento infelice è solo colpa mia, perché ho tutti gli ingredienti per non esserlo.
Sono fortunata perché sto su questa Terra e sono viva, faccio quello che sognavo di fare, ho una famiglia e degli amici che mi vogliono bene.

Mi sento amata.
E sento di amare.
Sono amata.
E amo.

Crediti

Foto alle pagine 6-7, 38, 172: © Dema Novakova

Foto alle pagine 10-11, 21, 22-23, 32-33, 79, 91, 108-109, 117, 131, 138-139, 145, 166-167, 171, 176-177: © soukizy.com

Foto alle pagine 12, 26, 34, 52, 58, 70, 86, 96, 110, 114, 118, 124, 128, 132, 140, 150, 168: © Valentina Duca

Foto alle pagine 24, 46, 66, 92, 100, 154: © Marco Barbaro
Hairstylist: Luigi Gentile - Make Up: Sandy Giuffrida

Foto alle pagine 42, 80, 162: © Marco Barbaro

Foto alla pagina 64-65: © Famiglia Carta

Foto alle pagine 74, 146, 158: © Luisa Carcavale

Macchie e fondi acquerello: © Shutterstock

Per le canzoni
People Talk to Me: Stefano Borzi, Federica Carta
Tutto quello che ho: Federica Carta, Daniele Conti, Federico Fabiano
Attraversando gli anni: Federica Carta, Daniele Conti, Federico Fabiano
Quanta vita serve: Federica Carta, Daniele Conti, Federico Fabiano, Antonio Iammarino
Molto più di un film: Giulia Anania, Federica Carta, Marta Venturini
Dove sei: Federica Carta, Daniele Conti, Federico Fabiano, Niccolò Verrienti

Indice

Il diario delle tue emozioni

DT 0074258096
MAI COSI FELI
CE
CARTA FEDERIC
FABBRI
MONDADORI LIB

Finito di stampare nel mese di maggio 2018
presso Grafica Veneta, Trebaseleghe (Padova)